Shin Ashihara
芦原 伸

Long Way Home

草軽電鉄物語

高原の記憶から

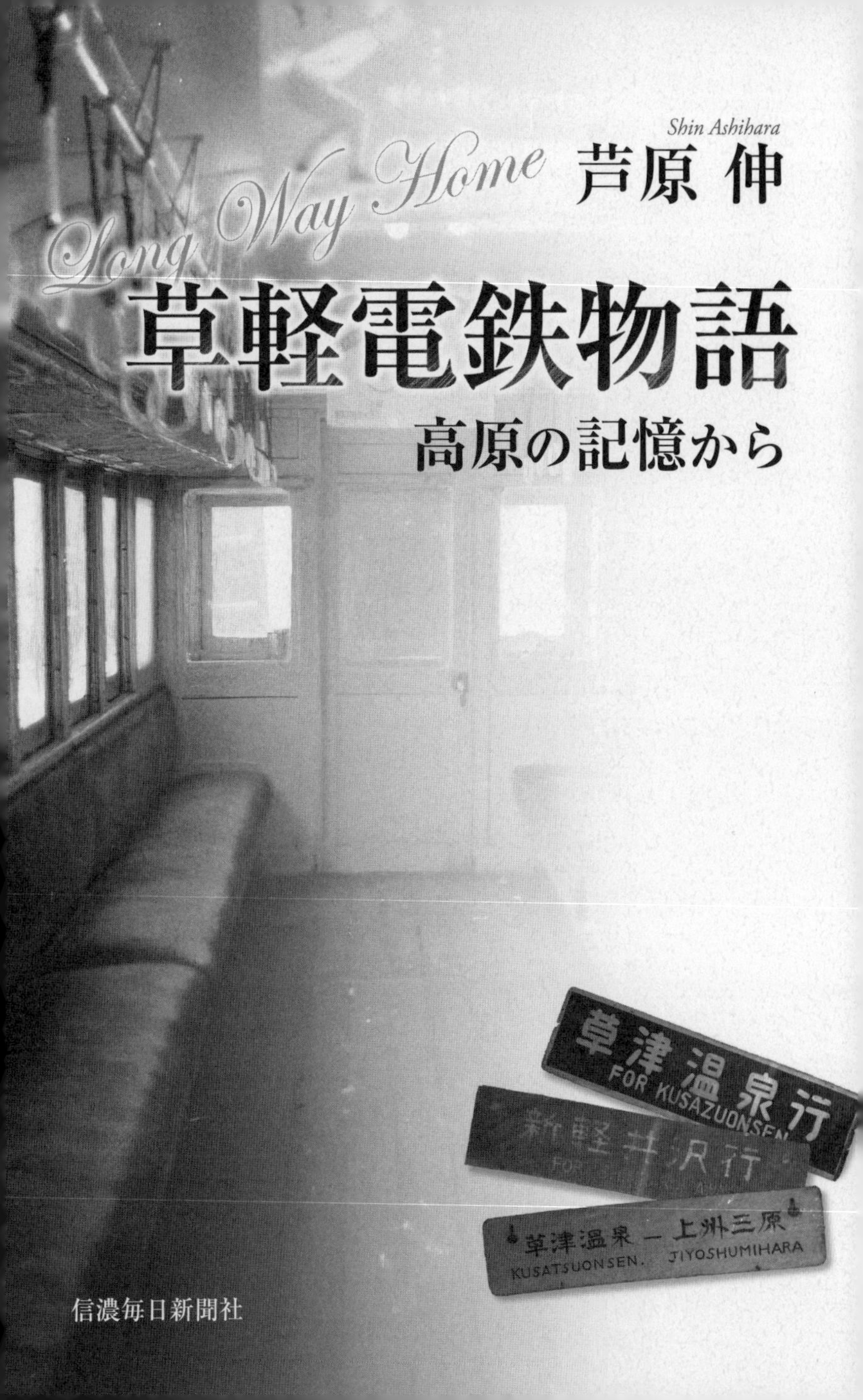

信濃毎日新聞社

●表紙の写真

草津電気鉄道株式会社が昭和4年1月に発行した絵地図「軽井沢草津遊覧案内」。国境平駅付近の標高は約1370mで「日本唯一の高原電車」に偽りなし（長野県立歴史館所蔵）

●扉の写真

草軽電気鉄道の電車モハ101の車内（羽片日出夫撮影）と行き先表示板

（注）

・文中に登場する人物の役職、年齢等は取材当時（2020〜22年）のものです。
・文中の鉄道の区間は、原則として下り方向に表記しました。
・写真撮影者・協力者の氏名は敬称略としました。

草軽電鉄物語

高原の記憶から

芦原　伸

はじめに

「高原の記憶」を追う

草軽電気鉄道のことを最初に知ったのは昭和三〇年代、私が中学生の頃だった。当時わが家は名古屋にあり、毎夏、母親が軽井沢の女子大寮へ行って旧友たちと出会い、短い避暑を楽しんでいた。その時「ほら、こんな電車が走っているのよ」と一枚の絵ハガキをみやげにもらった記憶がある。

当時、私は〝乗り鉄小僧〟で、近郊の日帰り旅行を楽しんでいた。

名古屋は鉄道の要衝である。昔でいえば国鉄の東海道本線、中央西線、関西本線の基地であり、名鉄、近鉄の私鉄網が発達し、市電や瀬戸電、足を少し伸ばせば三岐《さんぎ》鉄道、北恵那鉄道などが走っていた。私は首からコニカをぶらさげ、時刻表を片手に、日帰りできる鉄道を乗り歩いたものである。私は今でいう〝鉄ちゃん〟ではなかったが、鄙《ひな》びたローカル線に乗り、見知らぬ風景を眺めることが好きだった。

「草軽」は当時の私にとっては遠い夢であった。中央西線は松本まで、関西本線、紀勢本線は新宮まで、東海道本線は西は米原、東は静岡まで。せいぜいそのくらいが私の〝領地《テリトリー》〟だったのだ。

一度は乗ってみたい、と思っていた「草軽」は私が中学二年生の時、新軽井沢―上州三原間が廃止され、その後全線がなくなってしまった。夢は消えてしまったのだ。

時は経ち、川は流れ、それから半世紀が過ぎ去った。

三年前、私は経営していた出版社を退職した折、浅間高原に小さな山荘を持った。群馬県嬬恋村の片隅である。初夏はミヤマツツジが咲きこぼれ、山麓ではカッコウが鳴く。夏は一面のキャベツ畑に赤とんぼが飛び、秋には高い空に浅間山の噴煙が流れ、萩の花がわが庭を彩る。渓流釣りの趣味をともにする友人と、四季の村の暮らしを楽しんでいた。

そんな折に出会ったのが北軽井沢の駅だった。神社風と西洋風が混在した気品ある駅は、まるで現役でもあるかのように威厳に満ちていた。

そうか、あの「草軽」がここを走っていたのだ！

それから半世紀前の夢の跡を辿《たど》るように、私の廃線跡歩きが始まった。

春は雪解けの湿原に足を取られながら、夏はうっそうと伸びた叢《くさむら》をかき分けながら、廃線跡の地図を頼りに一駅ずつ巡った。とりわけ早春、晩秋は廃線歩きには楽しい季節だ。草木の葉がすっかり落ちて、見通しが利き、廃線跡が幻のように浮かび上がる――。流れゆく白雲を眺め、熊鈴を鳴らしながらの廃線歩きは一日の充足感に満ちていた。

人々の記憶の中にある「草軽」の思い出話も聞かせていただいた。

「四千万尺高原の遊覧列車」――。デキ12形、カブトムシの面影を浅間山の神々の下で語りあった。

本書はそうした旅人が見聞した、今はなき〝高原の記憶〟である。

目次

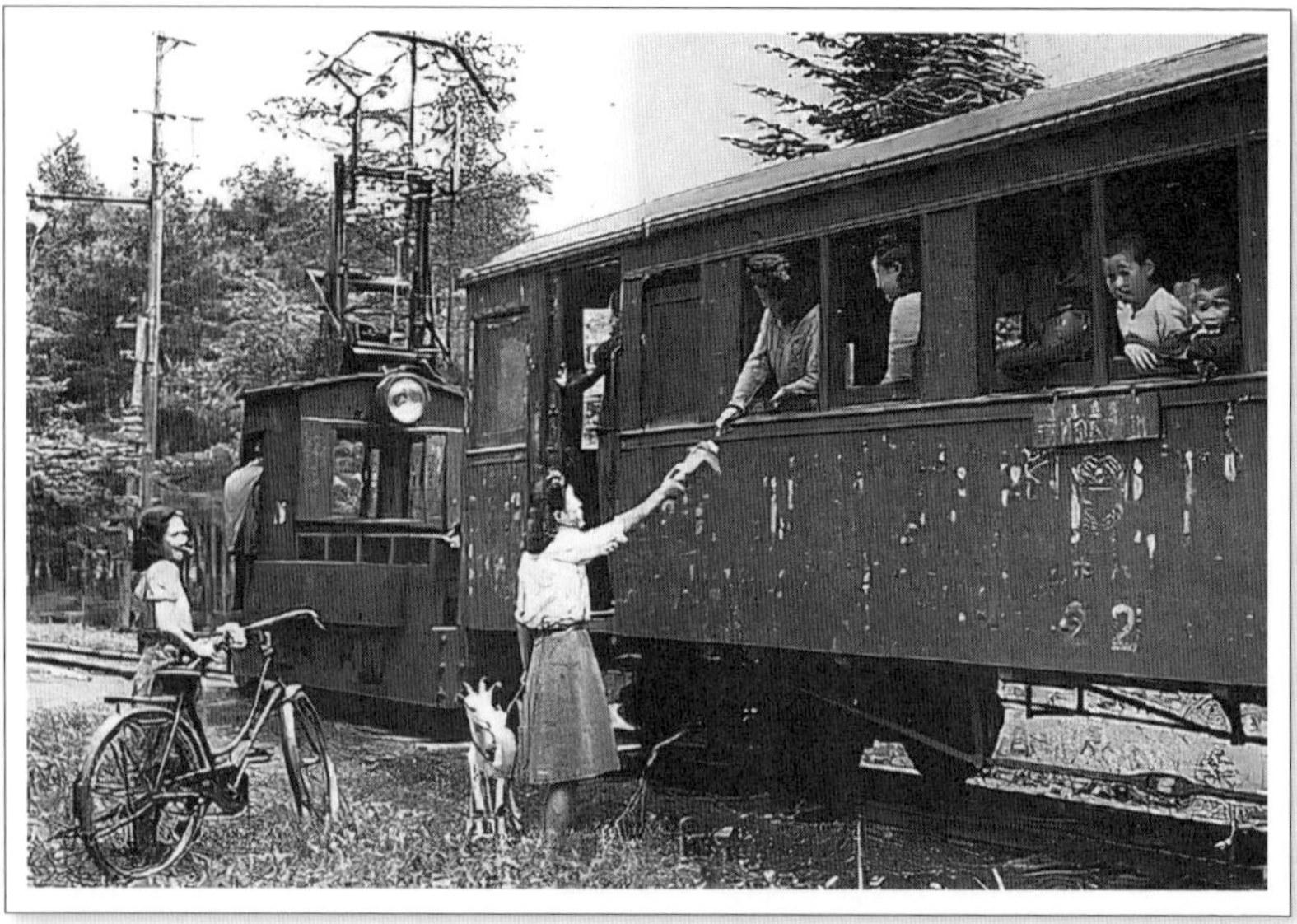

旧軽井沢—三笠間の沿線風景。ヤギを連れた女性が下り列車の乗客の女性にお弁当のようなものを渡しているのどかな風景＝昭和21年夏

第一章
新軽井沢

邂逅《かいこう》

草軽電気鉄道の起点、新軽井沢駅。信越本線軽井沢駅前の広場の向かいにあり、軽便鉄道としては堂々とした構えだった＝昭和 34 年 3 月（羽片日出夫撮影）

ホテル
学生センター
のりば
KARUIZAWA EXPRESS CO
軽井沢通運株式会社

カブトムシ機関車との出会い

旅は軽井沢駅からはじまった。

ＪＲ軽井沢駅は北陸新幹線としなの鉄道が乗り入れる接続駅で、現代的な橋上駅である。北陸新幹線が平成九（一九九七）年に開通して、信越本線の横川―軽井沢間が廃止になった。その折に誕生した新しい駅舎だ。

地上に降りると空気が冷たい。

軽井沢駅は標高九四〇メートル、東京と比べると気温は七～八℃の差がある。この時は九月上旬で、東京はまだ三〇℃を超える残暑が続いていたが、ここでは二五℃、やはり高原の涼しさだ。

駅北口はロータリーになっている。駅を出て少し左手に歩くと、和洋折衷様式のクラシックな木造駅舎が現れる。現在のしなの鉄道軽井沢駅で、駅舎は明治時代に造られた元の信越本線軽井沢駅舎だ。

気品があり歴史建造物の風格がある。

かつては皇室や華族、政界、財界人、外国人らが乗り降りし、二階には列車待ちの貴賓室も設けられていた。しばらく「(旧)軽井沢駅舎記念館」として公開していたが、平成二九（二〇一七）年、しなの鉄道が軽井沢町から借り受け、しなの鉄道の駅舎として活用している。

しなの鉄道軽井沢駅前に静態保存されている電気機関車デキ12形13号機。パンタグラフの形がカブトムシを思い起こさせる＝令和2年10月（西森聡撮影）

一歩中に入ると、切符売り場、改札、待合所などがあり、隣にはお洒落《しゃれ》なイタリアンカフェがあった。構内には子供のためのミニパークがあり、その傍らの留置線にＥＦ63形の電気機関車が展示されていた。

群青色の貫通扉のある重厚な電気機関車は、かつて横川―軽井沢間の碓氷《うすい》峠越えで活躍したホンモノである。難所だった碓氷峠は六六・七パーミルという急勾配で、この機関車は電車との協調運転で補機として使われていたものだ。

終戦直後に生まれた団塊世代の私には、新幹線よりもこの機関車の方が馴染《なじ》み深い。軽井沢といえば「碓氷峠」「アプト式」「峠の釜めし」という連想ゲームのような印象が根強く残っているのである。

横川―軽井沢間の峠越えは難工事のため長らく時を要したが、明治二六（一八九三）年に開通した。急勾配のため二本のレールの間に歯形のレールを敷き、車両の床下に取りつけた歯車と噛み合わせながら上る特殊な方式が用いられた。アプト式と呼ばれ、小学校の教科書ではおなじみだった。ＥＦ63形電気機関車は、その後アプト式が廃止され、機関車の後押しだけで急勾配を上る粘着運転が始まった昭和三八（一九六三）年に登場した〝峠のシェルパ〟だ。構内にはほかにも日本で初めて走ったというドイツ製電気機関車１０００形や線路補修車両が保存されている。この碓氷峠の鉄道開通が「草軽電気鉄道」の誕生を促したと思えば存在感がある。

旧駅舎の隣には交番があり、駅と交番の間の一角が野外展示場となっている。そこに草軽電気鉄道のデキ12形13号電気機関車が置かれている。これが〝カブトムシ〟の異名がある草軽電気鉄道の名物機関車だ。黒い車体に社章のエンブレムと13号の白文字が誇らしい。

一瞬、これが機関車か？　と、誰しもが思うに違いない。

真っ黒な車体で、形は胴長のL字型、長いパンタグラフがカブトムシの角のように伸びている。軌道は七六二ミリ、車輪は直径三〇センチくらいしかない。

奇妙な形だ。

こんな小さな機関車が客車をけん引して標高一〇〇〇メートルの高原地帯を走ったのか？　そう思うと不思議な感覚に襲われる。展示案内板がなければ、それは単なる奇妙な〝黒い塊〟にしか過ぎない。

このカブトムシがゴトンゴトン、キーキーとレール音を響かせ、身を揺さぶりながら浅間山麓をめぐり、草津温泉までの五五・五キロを三時間余りかけて走っていたのだ。

なんだか遠い国の物語のようである。おとぎの国を走る夢の鉄道のようでもあり、祖母の昔話を聞くようで、いつしか心はなごんでくる。

カブトムシ機関車は一二両あった。もとはアメリカオハイオ州コロンバス市にあるジェフリー社が製造した。本来は発電所建設の山岳向きの電気機関車だった。信越電力株式会社が信濃川の発電所建設に際して輸入したものを、草軽電気鉄道が譲り受けた。廃止時の最終運転をした13号機と客車、貨車の編成は当初草津町に寄贈された。しかし、草津町はそれを持て余したのか、後に軽井沢町に保存を依頼したようだ。そこで軽井沢町が機関車だけ引き取ることになり、長らく近くの公園や中央公民館広場で展示していた。長野（北陸）新幹線開通の際、駅前の整備に合わせ、今ある場所へ運んできたという経緯がある。カブトムシにとっては、四〇年ぶりの〝起点〟への帰還であった。

北陸新幹線が隣を走り抜ける。その傍らに大正から昭和の半世紀の時代を駆け抜けた、落ち武者のような機関車が遥かな夢に微睡《まどろ》むように置かれている。

高原のリゾート地・軽井沢と上州の名湯・草津温泉を結び、浅間高原をゆくナローゲージの鉄道……と聞けば、今なら夢のような鉄道である。もし二一世紀の今、開業すれば、たちまち国内はおろか世界中から観光客が訪れ、アジア有数のリゾート列車となるに違いない。しかし、残念ながら「草軽」は、すでに六〇年も前、昭和三七（一九六二）年に廃線となってしまった。

さて、本書の目的はその栄光の草軽電気鉄道の歴史に思いを馳《は》せ、わずかに残る廃線跡をたどりつつ、半世紀前の夢の軌跡を追跡してみることにある。

歴史は今も人々の記憶の中に生き続けている。その記憶の糸を辿《たど》りながら、日本という国にあった奇跡の鉄道の存在価値を探ってみたい。

樹叢《じゅそう》に埋もれた森の中の廃線跡探求は、また冒険でもある。

追憶の物語の中にわが身を置き歩かせてみたい。

二つの戦争に勝利し、躍進するニッポン

草軽電気鉄道は大正時代に生まれた。

大正という時代は戦争と戦争の間の、ほんのつかの間の幸福な時代だった。この時、鉄道は文明を伝える使者であり、地方に住む人々にとっては豊かさ、富を都会から運んでくる希望の象徴だった。「草軽」はそうした時代に生まれている。

少々長くはなるが、そのあたりから話を進めたい、と思う。

明治時代の終わり、日清、日露戦争があった。

維新以来近代化を進めてきた日本が初めて他国と戦った戦争だった。二つの戦争は近代国家建設途上の日本にとって、その後の国の運命を決める戦争となった。

明治二〇年代、日本は一国一家の強固な団結意識とその勤労努力によって国力は高まり、清国《しん》（中国）との戦争に勝利し、遼東半島や台湾の支配権を得た。イギリス、ドイツ、フランスなど世界の列強と並んだのだ。

この時世界は弱肉強食の時代だった。

続く日露戦争は幸運な戦いだった。南下政策をとるロシアと朝鮮半島への進出を企てる日本とは利権が対立した。その頃、帝政ロシアは打ち続く労働争議と革命運動でもはや沈没寸前だった。

皇帝ニコライ二世の軍隊は極東まで手が回らず、十分な兵力を送ることができなかった。日本は多大な犠牲を払ったが、この戦いに辛うじて勝利した。

二つの戦争は日本人に「皇国神話」を植えつけた。世界の多くの人々は小国の日本が大国の中国やロシアに勝てるわけはない、と予想していた。しかし、予想に反して日本は勝利。この時、日本は〝神の国〟となったのだ。

日本は神が宿る奇跡の国となった。

神話は次の神話を産んだ。「鉄道神話」である。

鉄道は産業革命を担うシンボルとして登場し、戦争に貢献した。農村から兵士や食料を運び、工場から軍需物資を戦場へ運んだ。

文明の道、勝利の道は鉄道により開かれた。

鉄道ブームがやってきた

日本の鉄道は明治五(一八七二)年の「汽笛一声」(新橋—横浜間)から始まった。その後、京阪神間、北海道の官営幌内鉄道(手宮《てみや》—幌内《ほろない》・幾春別《いくしゅんべつ》)と発展したが、以後は内戦(西南戦争)があり、すっかり国家の鉄道事業は滞っていた。

その時、登場したのが私鉄だった。

日本鉄道（私鉄）は明治一四（一八八一）年、設立。東京―高崎・青森間が予定され、政府による保護、助成を受けて成長した。株主は華族、旧士族、豪商らであった。民間人が国家に代わり鉄道を動かしたのだ。

四年後の明治一八（一八八五）年に最初の配当があり、鉄道は投資の手応えを民間人に教えた。鉄道会社への投機熱が起こり、華士族と商人が今でいう企業家、投資家となり〝資本家〟が生まれた。それまで曖昧だった日本の資本主義構造の輪郭が、鉄道投資によってはっきりと位置づけられた。

一八八〇年代から九〇年代が鉄道神話の草創期だった。

日本鉄道に続き、北海道炭礦《たんこう》鉄道（官営幌内鉄道を移管）、関西鉄道（名古屋―湊町）、山陽鉄道（神戸―下関）、九州鉄道（門司―八代）が次々に誕生し、〝明治の五大私鉄〟となった。さらに両毛《りょうもう》、水戸、甲武、参宮、大阪、讃岐、筑豊など地方私鉄が続々と誕生する。明治一八（一八八五）〜二五（一八九二）に申請された私設鉄道会社の数は五〇社に及び、明治三二（一八九九）年時点で、私鉄会社は最大で四三社あった。

世はまさに鉄道ブームとなった。

鉄道は金を産み、「鉄道成金」という言葉が流行語にまでなった。明治二三（一八九〇）年における全国株式取引所の売買構成をみると、鉄道会社株が大半を占めていた。

その後の鉄道の動向はどうなったのだろうか？

明治二二（一八八九）年、待望の東海道本線が全通した。

この路線の開業で、青森から下関までの日本列島縦貫ルートが誕生した。

さらに政府は全国土に鉄道網を敷くため、明治二五（一八九二）年、「鉄道敷設法」を公布した。

これは国家による全国規模の鉄道敷設について定めた初の法律で、「兵商二途」つまり軍需と通商が二大目的だった。政府は中央本線、佐世保線、北陸本線など全国の三三路線の敷設計画を実施した。これには大隈重信、伊藤博文ら鉄道推進派官僚の力が大きく、彼らは外国資本の導入を図って日本の鉄道網を広げた。

さらに明治三九（一九〇六）年、「鉄道国有法」が成立した。

主な鉄道会社の国有化を図るものだった。一般的には軍時目的といわれているが、実はそれがすべてではない。

日本で最初の恐慌は明治二三（一八九〇）年に起こっている。経済が破綻し、全国で騒動が起きた。それまでやっと実ってきた民間資本が、初めての株価下落の痛い体験をしたのであった。各地の私鉄に投資した株価がその反動で急激に下落した。

鉄道とは〝鉄の道〟の意味だが、「鉄」という漢字は「金」を「失う」と書く。この時、文字通り、資本家たちは金を失った。

「鉄道国有法」は投資した資本家（商人、華族、銀行）の救済策として国が私鉄株を買い取った、というのが実情のようだ。こうして資本家は政府から配当を保証され、再び投資意欲を燃やした。さらに政府は、明治四三（一九一〇）年「軽便鉄道法」、翌年には「軽便鉄道補助法」を公布した。

主要鉄道を国有化したため、それまで私鉄が主流だった鉄道事業は以後国家事業となった。そのためブームのように各地で起きた鉄道事業の企画申請は激減した。国は主要幹線は整えたが、地方の隅々まではもはや財政が許さない。そこで考えられたのが軽便鉄道法だった。

これは従来の私設鉄道法を簡易化したもので、認可の手続きは簡単だった。続く軽便鉄道補助法は開業から五年間、収益の五％に満たない分を政府が補助金を出す、というものだ。これも手続きは簡単で、しかもリスクは少ないとなれば「おらの村にも」という地方鉄道誘致の声は高まる。この軽便鉄道法は文明の光のまだ届かない地方にとって、夢と希望の象徴となり、地方有力者らが集まって結社をつくり、再び鉄道ブームを巻き起こした。

大正デモクラシーの時代に生まれた

草軽電気鉄道はそうした時代の背景の下に生まれた。

明治四二（一九〇九）年、群馬県草津町の有力者、黒岩忠四郎（芳草）、中沢市郎次、市川善三郎らが中心となって草津興業株式会社を立ち上げた。

日露戦争が始まって五年が経っていた。日本の軍国主義化はとどまるところを知らず、この年、韓国総監府初代総監となった伊藤博文はハルビンで狙撃され死去、翌年に大日本帝国は韓国を併合し、朝鮮半島を領有した。

日本は膨張しつつあった。そうした潮流に合わせたかのように草軽電気鉄道の建設計画が実現に向かったのである。

翌年、軽便軌条敷設の許可が桂太郎内閣の名で下りた。大正元（一九一二）年に測量に着手、この時、社名を草津興業株式会社から「草津軽便鉄道株式会社」と変えている。翌二年、新軽井沢駅で起工式を挙げた。登記によれば資本金は七〇万円、株主は全国にまたがる三二一人だった。

創立の趣旨には、

本鉄道は、一面草津その他沿線の旅客を目的とするとともに、草津方面に出入りする物資及び長野原・嬬恋・吾妻牧場附近より積出す木材・薪炭・その他貨物輸送のため（中略）この地方の発展に資する所あらんとする

とある。

大正四（一九一五）年、新軽井沢—小瀬間、九・九キロメートルが開業した。

同年七月二一日、開通式は三笠ホテルで知事、佐久郡長、草津町長、主要株主、新聞記者一五〇

人を招いて盛大に行われた。
翌二二日の信濃毎日新聞は、開通式の模様を伝えている。

七哩《マイル》中に三哩の大迂回

草津軽便鉄道軽井沢―小瀬間の竣工《しゅんこう》により、開通式を挙行したるは昨紙所報のごとくなるが、三笠ホテルに於いて式を行い昼餐《ちゅうさん》をなしたる一行は再び旧軽井沢駅より乗車、小瀬温泉に向かい出発したり。元来該鉄道は浅間山麓の勝地を廻りて草津温泉に達するものにて七哩を隔たりたる小瀬に至るに三哩余の大迂回をなして行くがごとき有様《ありさま》なれば、沿線景勝の地多く、二十五分のレベルを一時間六哩の速力に進行する列車中より眺むるに、東方は新旧軽井沢駅を眼下に遠く妙義の連山を望み、西は即《すなわ》ち浅間を控えて佐久平を一眸《いちぼう》の中に集むる等實に絵も及ばず。離山《はなれやま》の裏面にある鶴溜《つるだまり》に着し沓掛有志の歓迎を受けつつ小瀬駅に至り、同温泉蓬莱館にて酒宴を張り、午後八時半無事軽井沢駅に到着。本日の開通式を了《お》わりたり。

（句読点は筆者による）

草津軽便鉄道の出発は華やかなもののようだった。三笠ホテルから小瀬温泉は山を登れば、さほど遠くはない距離だが、鉄道は急勾配を上れず、旧軽井沢から鶴溜を経由して大きく迂回した。その分、景色を楽しめた情景がよく書かれている。

草津軽便鉄道の始発駅、新軽井沢駅は信越本線・軽井沢駅の正面北側、現在の旧国道18号を跨《また》いだところにあり、駅舎は本社を合わせて二階建てだった。構内には頭端式のホームが二本（乗客用と貨物用）あり、発着する線路は四本。ほかに信越本線に直接つなぐ貨物用の線路があった。車両基地としての工場や車庫、乗務区などが散在しており、売店、そば屋を備えた駅舎内は広く堂々としたものだった。

「草軽」と聞けば、その名は草津と軽井沢の両起点名から取ったと、大方の読者は推測するだろうが、実は「草津軽便」の略語だった。

私は当初、取材に入る前、鉄道建設はてっきり軽井沢側からの発案だ、とばかり思っていた。軽井沢の避暑客を草津への温泉に運ぶのを目的としたのだろうと思っていたのだ。

ところが発案は草津からであった。草津興業の発起人は草津町の温泉宿主らで、当初の趣旨は「東長倉村大字長倉より草津に至る軽便軌条敷設申請書」となっている。

つまり、当初は信越線の沓掛《くつかけ》（中軽井沢）から湯客を草津へ運ぼうというのが動機だったが、その後、軽井沢の有力者らが軽井沢発着に誘導したらしい。沿線に別荘地を開発する、という取り決めがあったようだ。

鉄道建設の起因は信越本線の開通が大きい。それまで首都圏から草津への湯客は沓掛宿で一泊し、そこから約四〇キロの道のり（途中には標高一〇〇〇メートルの峠がある）を徒歩、あるいは馬の背に乗ってゆかねばならなかった。一日がかりの旅程である。明治四〇年頃、草津への入りこみ客は約五〇〇〇〇人だった。鉄道が開通すれば、倍増は難くない、と草津の温泉宿主らは確信したことだろう。

草津軽便鉄道が走りだした大正四（一九一五）年は、世に「大正デモクラシー」と呼ばれた時代であった。戦争と戦争の合間にふと湧きあがった自由な気風が流れた時代だ。それまでの薩長藩閥政治の紐が解け、民主主義による議会政治が始まり、東京の銀座ではモガ、モボと呼ばれる若い男女がダンスホールで寸時の平和を満喫していた。

草津軽便鉄道はそうした時代を背景に国際リゾート地だった軽井沢と古き江戸時代の情緒を残す草津温泉を結んで走った。

カブトムシはそういう意味では〝大正モダンボーイ〟を象徴する機関車だったのだ。

旧中山道・旧軽井沢の通称「銀座通り」にある軽井沢写真館。軽井沢の昔の写真が手に入る店として有名＝令和２年８月（西森聡撮影）

新軽井沢駅で発車を待つデキ20形けん引の列車。右はデキ12形＝昭和34年3月
（羽片日出夫撮影）

第二章

新軽井沢──旧軽井沢──三笠

落葉松《からまつ》

林の中にある三笠駅。別荘地「三笠パーク」入り口付近にあった。島式のホームにデキ12形がけん引する客貨混合列車が停まっている、貨物の積み荷は沿線で採掘される硫黄＝昭和初期（土屋写真店提供）

新幹線開業で激変した軽井沢

ＪＲ軽井沢駅は全国でも珍しく駅構内に放送局がある。

二階に「軽井沢エフエム放送（ＦＭ軽井沢）」のスタジオがあり、ホットな地元情報を地域住民に発信している。交通情報や四季折々の観光ニュース、変わったところでは消防署スタッフや地元病院の医師がパーソナリティーとなって、防災や健康に関しての身近なメッセージを伝えている。

軽井沢の街へ一歩踏み出す前、オリエンテーションを兼ねて、放送局に高橋洋幸さんを訪ねた。最近の街の動向が聞きたかったのである。

高橋さんは地元の佐久出身。富山大学を卒業、Ｕターンして地元へ帰り、軽井沢新聞社を経て、ＦＭ軽井沢に入社した。四五歳、短髪でスーツ姿、パリパリの中堅である。

「軽井沢は長野オリンピックと新幹線開通を機に激変しました。それまでは上皇と上皇后の〝テニスコートのロマン〟の地、異国情緒あふれる古き良き時代の別荘地、アンノン族のペンションブームというイメージでしたが、新幹線開業以降、東京から一時間、日帰り圏となったことが激変の要因です。以来、街はファッショナブルに、訪問客は買い物が中心となり、旧街道を歩く人などはもういなくなりましたね」

そうか、軽井沢はもともと中山道の宿場町だったのだ。街道歩きがブームの時があったが、今、そのイメージはまったくない。新幹線が一気に軽井沢を変えてしまった。鉄道というのはつくづく面白いと思う。

明治時代も鉄道誘致で地方は盛り上がった。「我田引鉄」という言葉があったくらいで、大臣や地方議員が鉄道誘致を競い合った。地方議員は「引鉄」が成功すれば、次期当選は間違いなしだった。原敬《はらたかし》首相の山田線（岩手県）、衆院議員大野伴睦《ばんぼく》の岐阜羽島駅（東海道新幹線）が思い出される。新幹線も明治の鉄道事情と同じなのだ、と実感した。

新幹線は碓氷峠（標高九五六メートル）をわずか数分で駆け抜けてしまう。アプト式時代には二六ものトンネルを抜け、四〇分かかった峠越えだった。軽井沢は今や新幹線とアウトレット（ブランド品の廉価放出、販売）で生まれ変わった。高橋さんは話す。

「今、アウトレットというと叱られます。軽井沢プリンスショッピングプラザという名となり、その面積は東京ドームがすっぽり六つ入る大きさです。プラザには芝生広場や池があり、店舗の数は二四〇軒、レストランも多くあり、一日では見切れないほどです。今は若い人というより家族連れに人気ですね」

一方、別荘地の人気は衰えない。

「リーマンショックの時も地価は下がりませんでしたね。軽井沢はやはりブランドなのです。ここは時代によって景観や地価が荒れません。住民の皆さんが見張っているのです。旧軽地区は今も明治時代の気品が保たれています」

別荘は団塊世代が定年後の第二の人生を楽しむために購入しているようだ。日本では、今持てるものと持てないものの二層の階級社会が生まれつつある。同じ団塊世代でも私などには軽井沢の別荘など、とても手が出ない。

軽井沢は駅を境にして、北と南では別世界のようだ。北の旧軽井沢は以前と変わらぬ静かな別荘地、南は広大なショッピングプラザ、ゴルフ場が広がっている。

草軽電気鉄道（以下「草軽」）は駅から北へと走っていた。

アート感覚あふれるミュージアム

山下清という〝絵の天才〟をご記憶だろうか？

小学生の頃から言語障害、知的障害の後遺症を背負いながら、好きな絵を描き続け、全国を放浪した。絣《かすり》の浴衣に兵児帯《へこおび》、下駄を履き、リュックサックを背負うその姿は〝裸の大将〟と呼ばれて愛された。その山下清が、昭和二六（一九五一）年に新軽井沢から「草軽」に乗っている。

軽井沢には汽車の軽井沢駅と電車の軽井沢駅と駅が二つある。電車の軽井沢駅へ行くと、この電車は軽井沢と草津温泉の間を通る。草津温泉へ行く電車のせんろのはばは、ふつうのせんろとくらべるとせまいので珍しい。せんろのはばがせまいから、草津温泉へ行く電車も小さい。この電車は電気機関車にて居《い》て、つないである。貨車と客車と一しょにつないであります。

貰《もら》った金で、軽井沢から電車に乗って、草津温泉へ行こうと思って、軽井沢から電車に乗って居ると、この電車は走るのがのろい。電車の窓からのぞいて外を見ると、草や木ばっかりで家が少ない。だんだんとこの電車が山を登って行く。山と言ってもひくい山か平地が高くなって居るんだろうと思う。


電車の窓から外を見たら、景色がいいのが沢山見られた。

お昼頃になってから、軽井沢で貰ったむすびを食べた。この電車はあっち曲がったり、こっち曲がったり、遠回りをしながらだんだん山を登って行く。しばらく電車に乗って居ると、草津温泉へついた。

——『放浪日記3　戦後編』より

山下清は〝鉄ちゃん〟ではなかったから、電車と客車の区別（この場合「列車」と言った方が正解だろう）はついていないが、ナローゲージであること、客貨混合列車であることなどはちゃんと認識している。のろのろと走る列車の窓から浅間高原の雄大な景色を眺め、おにぎりを頬張る姿が想像でき、ほのぼのとする。

ＪＲ軽井沢駅前から旧軽へ、まっすぐ延びているのが本通りである。駅前通りなのだが、両側に多層建ての建物があまりないせいか、どこか開けていて〝高原中央通り〟という雰囲気だ。

国道18号を渡ると、すぐさま右手に現れるのが草軽交通の本社で、広々としたバス駐車場が裏手に広がっている。

「草軽」はこの本通りに沿って北へ真っすぐ延びていた。だが今は民家が立ち並び、廃線跡は見通せない。

衣料品店、はちみつ屋、腸詰屋のカフェ、信濃毎日新聞社の支局、酢重ギャラリーなどが両側に建つ。といっても店はさほど過密ではないので、通りは明るく伸びやかだ。アメリカンカジュアルのお店ではラルフローレンの運動靴が三〇〇〇円均一で売っていた。

この通りで一見すべきは、中ほどにある「軽井沢ニューアートミュージアム」だろうか。平成二四（二〇一二）年にオープンしたミュージアムで、総ガラス張り、周囲を白樺の柱が囲っており、新感覚派の軽井沢を象徴している。なかを覗《のぞ》いてみると、たまたま「花田和治《かずはる》展」を催しており、その作品の不思議な詩的表現、なんともいえない色使いと抽象画に引き込まれた。

花田和治は私と同世代、留萌《るもい》のニシン御殿の生まれで、札幌育ちだが、学生時代札幌で過ごした私はその名は知らなかった。美術館はこうした独創的な現代アーティストを独自に発掘しているようだ。「さすが、軽井沢！」と、その先進性を認めざるを得ない。旅の最初にこちらの教養が試されたという感じであった。ホールは広く、図書の展示販売もある。なかなか一般の書店では見つからない『１９６０年代、アメリカ映画評論』などをつい買ってしまった。

アートギャリーを過ぎると、道はほどなくロータリーに出る。ロータリーは本通り、旧軽井沢銀座（旧中山道）、三笠通りの三つの道路が交差している。

右手に「駅舎旧軽井沢」という看板のかかった建物があった。三角屋根でヨーロッパの木骨様式のちょっとお洒落《しゃれ》な雰囲気の建物だが、すでに閉館していた。人に聞いたら、以前は草軽交通のみやげもの店だったようだ。ホンモノの旧軽井沢駅は左手の今のロータリーのバス停あたりにあったようだ。新軽井沢からここまで一・五キロ、「草軽」ののろい列車でも所要は五分足らずだった。

ロータリーには山桜の老木が残り、三面馬頭観音像があった。馬頭観音は「旅と馬の安全を祈り、嘉永六（一八五三）年に信州高遠《たかとお》の石工により製作された」と案内看板に書かれていた。

その一角だけが旧街道の面影を残していた。

軽井沢銀座のぶらぶら歩き

カブトムシ機関車は旧軽井沢駅からまっすぐ三笠通りを北上する。

私はロータリー右手の旧軽井沢銀座（旧軽銀座）へ歩を進めた。かつての中山道だ。東京の銀座に比べると道は狭く、店舗が折り重なっており、銀座というよりは、まぁ「旧軽商店街」といった方が正しい。

どこにこんな人たちがいたのか、と思うくらい通りは賑《にぎ》わっていた。九月上旬の平日の午後である。相変わらずの人気である。時節柄、皆さんマスクはしているものの、東京にはない混雑ぶりだ。ファッションブティック、ファストフード、パン屋、ギャラリーなど軒を埋めるように店舗が並んでいる。若いカップル、女性グループ、ファミリー、シルバー層など観光客の層も幅広い。日本人はいつから、こんなに買い物好きになったのだろうか、と思うくらい老いも若きも浮き浮きとショッピングを楽しんでいる。買い物ならば東京の方がよっぽど店は多いはずなのに、わざわざここまで新幹線に乗ってくるのだろうか、と首を傾《かし》げるばかりだ。

……と、思いつつも焼物店でついお皿を買ってしまった。印象派のような絵が描かれたセンスのいい素焼きの皿を見つけたからだ。映画本といい素焼きの皿といい、軽井沢には確かに買いたくなるものが揃っている。


中ほどにある土屋写真店はぜひ立ち寄ってみたい。

額入りのスケッチが店先に置かれ、「軽井澤寫真館」と手書きの板看板のあるお店だ。一歩入ると、古い写真が棚一面に置かれていた。〝美智子さま〟と親しまれた上皇后の皇太子妃時代のもの、浅間山の噴火、来日したヒトラーユルゲントの青年たち、与謝野晶子の乗馬姿など、写真を観ているだけで、軽井沢の歴史を紐解《ひもと》くようだ。

「草軽電気鉄道、旧軽井沢駅付近」という古写真を思わず買ってしまった。背後に穏やかな三角形を描く愛宕山《あたご》があり、手前にカブトムシ機関車。踏切には夏服姿の中学生がいる（48ページ）。「昭和30年、旧ロータリー付近」とのキャプションがあった。踏切ではクラシックな外車が信号待ちしている。手前に映るナローゲージの様がよく分かり、当時の時代気分がよく伝わる。

昭和三〇（一九五五）年というと、私は名古屋の小学校三年生の時だ。この年、東海道本線の稲沢―米原間の電化が完成し、遠足で名古屋から蒲郡まで行った記憶がある。「祝電化完成」の旗を掲げた電気機関車が引く列車に乗った。沿線では住民が旗を振っていた。

U子さんの顔がふと浮かんだ。白肌で、そばかす顔のU子さんが私の前の席に座っていた。その時、緊張しておしゃべりできなかった無念さが今さらながら思い出された。U子さんは当時、私のアイドルだったのだ。その頃「草軽」は別荘族を乗せて浅間高原のピクニックへと向かっていた。小学生の身では、とてもここまで来ることはできなかった。

軽井沢銀座の明治・大正時代の写真を見ると、女性は島田髷《まげ》で和服姿、子供らは浴衣で頭は丸坊主。店の看板はすべて横文字である。外国人別荘族がここへ買い出しに来たのだろう。当時の軽井沢がいかに日本離れしていたか、がよく分かる。

店番をしていた女将《おかみ》の町田夏子さんは、

「江戸時代、軽井沢宿には宿屋が一二六あったんですよ。うちももとは『白木屋』という旅籠《はたご》でした。

街道がさびれ、明治三九（一九〇六）年から写真館をはじめたんです。ここにあるのは先々代が撮った写真がほとんどです」

旅人は横川で関所を抜け、急な峠道を登り、国境を越すと、やれやれと麓に着く。そこに軽井沢宿があった。沓掛宿、追分宿とともに〝浅間三宿〟の一つだった。

その面影を残すのは、「つるや旅館」だ。玄関先に置かれた行燈《あんどん》、長屋門、目隠しの竹塀、館内の家具や調度品に懐かしい昭和の匂いを感じる。創業は江戸初期、旅人の休み処《どころ》、茶屋として開業し、明治になって旅館に転じ、内装に西洋風な雰囲気を取り入れた。大正時代には芥川龍之介、室生犀星、堀辰雄ら多くの文人が長逗《ながとう》留《りゅう》して執筆に励んだ。堀辰雄はこの宿の離れに逗留して『美しい村』を書いた。軽井沢、高原小説の誕生地であった。

アレキサンダー・クロフト・ショーの軽井沢発見

明治一九（一八八六）年、夏。軽井沢に画期的な「事件」が起こった。カナダ人宣教師、アレキサンダー・クロフト・ショーの避暑生活である。ショーが家族とともに軽井沢で夏を過ごし、その素晴らしさを友人たちに伝えた。その宣伝効果があって、続々と宣教師仲間が集まることになる。

つるや旅館を左手にそのまま旧街道をゆくと、軽井沢ショー記念礼拝堂がある。入り口にショーの胸像があり、その奥に白い十字架を掲げたチャペル（礼拝堂）がある。銀座通りに分け入ったのは、実はここが目的だったのだ。

このチャペルは軽井沢最古となる教会で、明治二八（一八九五）年建立のもの。聖公会らしく実に簡素なもので、内部は切り妻の建材が剥《む》き出しのまま、説教壇と長椅子が置かれているだけである。新天地・カナダへと入植した宣教師たちの精神《スピリット》が伝わってくる。

裏手にあるショーハウス記念館は、付近の大塚山にあった農家を移築したもので、木造二階建て、外観は和風、内部は改装した板張りで洋風。ショーが夏別荘として借りていたものである。これが軽井沢の別荘第一号となった。つまり、避暑地軽井沢発祥の地である。

アレキサンダー・クロフト・ショーは一八四六年、カナダ・トロントの軍人の家に生まれた。トロントのトリニティ・カレッジを卒業してキリスト教聖公会の司祭となり、明治六（一八七三）年、宣教師として日本へ派遣された。

軽井沢を語るに「ショーとチャペルは外せない」といわれるが、実際はショーが軽井沢を発見したのではない。ショーの案内人が先にいたのだ。帝国大学文科大学（現在の東京大学文学部）の英語教師で、夏目漱石などを教えていたジェイムス・メイン・ディクソンである。ディクソンが軽井沢を気に入り、ショーを連れてきた。

アーネスト・サトウ著『日本旅行日記2』（東洋文庫・平凡社）の「軽井沢の発見者」の項を読んで知ったのだが、イギリス大使館公使だったサトウ（日本人ではない。れっきとした英国人で、幕末から明治期に外交官として活躍した）は、ショーより四年も早い明治一五（一八八二）年に軽井沢を訪れている。

訳者の庄田元男氏の注釈によれば、明治一四（一八八一）年の夏に、軽井沢ではすでに二人の外国人が家を借りていたという。さらにサトウは『中央部・北部日本旅行案内』（同年発行）の中で軽井沢を紹介しており、上等の家（ゲストハウスのことか＝筆者注）が多く、散策や登山に適所と評価している。庄田氏はディクソンもショーも、このサトウの情報に基づいて軽井沢を訪ねたのだろう、と断言している。

軽井沢最古の教会、ショー記念礼拝堂。手前はショー（1846～1902）の胸像。礼拝堂の奥にショーハウス記念館がある＝令和２年８月（西森聡撮影）

と、すればアーネスト・サトウが軽井沢の第一発見者だったといえる。ショーの功績は多くの友人、知人らを軽井沢に呼び込んだことだろう。

ショーは子供らの家庭教師として、福沢諭吉に三年間雇われていた。その間、日本の指導者たちと幅広くかかわり、尾崎行雄（政治家、元東京市長）らにも洗礼を施したと伝わる。また英国大使館付き牧師の経験もあり、おそらくサトウとは懇意であり、国際的な友人関係も得られた。そこで内外の知友に夏の軽井沢の素晴らしさを伝えたのだろう。

東京の夏は欧米人には耐えられなかった。最大の敵は蚊と湿気だった。蚊は庭や池畔から大群となって襲ってきた。クーラーとてない夏の東京の湿気は風呂水を浴びてもたちまち汗ばんだ。東京の夏はまさに地獄だった。軽井沢は緑したたる高原で、空気は乾燥しており、山の冷気に包まれ、蚊はいない――。それだけでも外国人たちには「天国」と思えたことだろう。

ついでに言うと、ショーは軽井沢を〝屋根のない病院〟と呼んでいた。実は、ショーは当時リウマチを抱えており、自分自身の健康のために空気がきれいで適度な散歩ができる軽井沢を健康回復の適地、と定めていたのだ。この言葉は今軽井沢の誘客用キャッチフレーズとして使われている。

ここで軽井沢町長に登場していただこう。

軽井沢町役場は中軽井沢（沓掛《くつかけ》）に近い。町役場は中心（軽井沢駅や旧軽地区）からずいぶん離れている、と思っていたが、もともと軽井沢の拠点はこの沓掛地区だったのだ。ならば「草軽」

の鶴溜《つるだまり》の駅の位置は正解だったのかもしれない。

町長の藤巻進さんは恰幅《かっぷく》がよく落ち着いた人だった。昭和二六（一九五一）年生まれの六九歳。東洋大学を中退し、四〇代で町会議員、さらに観光協会会長を経て現職に就いた。今年三期目である。

「軽井沢はもともと草原と谷地《やち》（沼沢地）でした。今のように森が多くなったのは明治期以来植林したからです。宣教師のショーが来た時、旧軽からも浅間山が見え、周辺は未墾の新天地のようでした」

外国人が別荘地として移り住み、ここに〝サロン文化〟が生まれた。

「人が人を呼ぶんですね。堀辰雄が立原道造を、新渡戸稲造が内村鑑三を、というように。堀辰雄は憧れのフランスへは行っていません。でも軽井沢へ来れば当時一〇〇〇人以上の外国人が暮らしていましたから、ここで外国体験ができました。英語の看板があちこちにあり、別荘の用を担う人々も皆英語を話していました」

町の人口は現在二万八〇〇〇、別荘は一万六〇〇〇戸。そんな小さな街に観光客は年間八二〇万人が訪れる。

観光都市ともいってよい。ならば軽井沢はどんな町づくりをめざしているのだろうか？

「軽井沢は昔から別荘地で、その基本は変わりません。しかし、町にとっては観光も大事です。レストランや商店は観光客がいないと成り立ちません。一方で私たちは古くからの避暑地のブランドを尊重しています。〝観光地〟というより〝避暑地〟を強調したいですね。観光都市は全国に数多いですが、避暑地はそんなに多くはないでしょう」

住居が過密ではないのがいい。どこへ行っても空間が開け、静かで、緑が多くてオゾンがいっぱいだ。

この町は観光ではなく、滞在せねばその良さは体験できない。

「今も宣教師たちが残した言葉を大事にしています。時間と約束を守ること、生活を簡素にすること、日曜日は休むことなどを呼びかけ、これを励行しています。これらの実践が伝統の〝軽井沢町民憲章〟となり、今の軽井沢ブランドを支えているのです」

さすが天下の、否、世界の軽井沢である。

現在、日本の観光地はどこもが「どうお客を呼ぶか、訪日観光にどう取り組むか」という話ばかりだ。町長の「伝統の避暑地の歴史を守る、文化を優先するという姿勢」は頼もしい限りだ。日本人古来の「物見遊山」、つまり見て歩く観光ではなく、旅は過ごすものである、という西欧的発想は、現代日本での新しい旅の指標になるのではないか、と思った。

雨宮敬次郎と野澤源次郎

ここで二人の男が浮上する。雨宮《あめみや》敬次郎と野澤源次郎だ。

雨宮は甲州商人（甲州財閥）のひとりで、〝天下の雨宮〟〝投機界の魔王〟と呼ばれ、成功を収めた実業家だった。軽井沢は町長が話してくれた通り、もともと森はなく草原と沼沢地の荒れた土地だった。雨宮はその荒涼とした軽井沢にカラマツを植林し、ここを緑の楽園に変えた。高原情緒の漂う軽井沢は、雨宮がつくったといっても過言ではない。

雨宮は江戸末期の一八四六年、甲斐国山梨郡牛奥《うしおく》村（現在の山梨県甲州市塩山《えんざん》牛奥）の農家に生まれた。少年時代から商いに従事し、二四歳で横浜へ出て実業家となり、生糸相場で成功し、財をなした。明治九（一八七六）年、三〇歳の時、アメリカ、ヨーロッパを外遊し、その時、アメリカで不毛の土地が開墾により肥沃《ひよく》な土地に生まれ変わる姿を見聞。浅間山麓に近代農場を経営するという大志を抱いた。軽井沢の碓氷新道（現在の国道18号）の南側一帯の官有地、ほか民有地合わせて一一〇〇町歩（三三〇〇万坪）を入手し、アメリカ式の大農園を計画し、そこに当初は葡萄《ぶどう》園、ワイン醸造を試みたが失敗。次に新田（雨宮新田）を計画し、開拓民の入植を図り、耕作地造成事業を行った。石川、富山から数十家族が入植するが、これも高地、湿地の寒冷地に悩まされて失敗した。

そこで最後に考えたのが植林事業だった。当時日本は軍事産業を優先しており、木材は重要な資源だった。雨宮は広大な軽井沢の土地に七〇〇万本のカラマツを植林した。しかし、植林は時間がかかり、すぐさま事業化できるわけではない。

晩年肺病で病床に伏した時、転地療法で雨宮は軽井沢に居を移し、この地を終生の地として移り住んだ。

「金ではなく木の貯蓄だ。生前の貯蓄ではなく死後のために貯蓄をやっているのだ」

雨宮はこう豪語したという。

鉄道ファンならばその名を知っている読者も多いだろう。雨宮は鉄道界でも活躍し、雨宮鉄工所では機関車製造を手掛け、鉄道事業では甲武鉄道、川越鉄道を買収している。

甲武鉄道（今の中央東線）が甲府の手前、塩山付近でオメガカーブを描いているのは、雨宮が故郷の牛奥村に線路を寄せたからだ、と言われている。

今ひとり、野澤源次郎を紹介せねばならない。野澤は今の軽井沢に別荘ブームを作った張本人だ。

野澤源次郎（一八六四～一九五五）は貿易商・野澤卯之吉の長男で東京に生まれ、慶応義塾を卒業して、父親の貿易会社「野澤組」を引き継いだ。雨宮と同じく横浜に出て輸入雑貨の卸、小売業で成功（それまで輸入・小売りは外国貿易商が独占していた）、わが国有数の実業家として名をあげる。同時に政府ともかかわり、大隈重信、桂太郎、加藤高明、後藤新平、高橋是清、尾崎行雄らとの親交があった。

ところが野澤自身が病弱だったため、医者が軽井沢での静養を勧めた。自然やオゾンが豊かな軽井沢で身を休めるなかで、軽井沢を保養別荘地として開発することを思いつく。大正四年、雲場池周辺―離山―三度山に跨がる約二〇〇万坪の広大な土地を入手し、富裕層向けの別荘地分譲を行った。以降、軽井沢は本格的な別荘地として開発、分譲されるようになる。野澤組に保管されている「土地売上明細帳」には細川護立、徳川慶久、ダニエル・ノルマン（カナダ人宣教師）、大隈重信らの大物が名を連ねる。

後述する「軽井沢自由大学」（後藤新平総長、新渡戸稲造学長）のオペラハウスのような大講堂や洋風建築の寄宿舎、および土地一万坪を無料で提供したのも野澤である。野澤の成功の要因は「あめりか屋」の橋口信助と組んだことだった。橋口は渡航したアメリカから組み立て式のバンガロー住宅をもって帰国し、それに改良を加え、現在見るようなモダンでハイカラな別荘を設計、建築し、軽井沢の別荘スタイルのパイオニアとなった。

雨宮敬次郎と野澤源次郎がいなければ、今のカラマツの森と、西洋建築の別荘群は誕生しなかったかもしれない。

カラマツ並木の美しい三笠通りには段差があった

ロータリーに戻り、三笠通りを廃線跡に沿って北上する。

通りを注意してみると左右の車線に高低差があることに気がついた。

この高い側の車線が、かつて「草軽」が走っていた線路である。旧軽井沢駅と次の三笠駅の間はわずか一・三キロ。バス停の距離である。ここをガタゴト軋《きし》みながら、小さな車体を揺らし「草軽」は走っていた。

三笠通りはカラマツが整然と続く並木道だ。別荘群は道から奥まっているのでほとんど見えない。道に沿って精進場《しょうじんば》川が流れ、どこからともなく吹く風が気持ちよい。道沿いには店舗はなく、人の流れもなく、客車に揺られながら辿《たど》るには格好のところだった。

カップルや二、三の女性グループがレンタサイクルを走らせている。

あたかも「旧軽」の絵葉書を眺めるようだ。互いにケイタイで写真を撮りながら、みなが〝軽井沢劇場〟の主演女優になったかのように華やいでいる。ときおり走り抜けるクルマがあるが、ほとんど気にならない。カラマツの茂る中央分離帯があり、しかも段差があるからだろう。

「メリッジャーレ」という名のお洒落なカフェに入った。明るい並木道を見ながら、遅い昼食をとる。「ガパライス」という聞き覚えのないランチを食べた。スパイスの利いた南アジア風の焼きめしだが、あっさりとした上品な味わいでおいしかった。食後のコーヒーも香り高くお替わりをした。

店主にきけば、別荘暮らしの人々が散歩がてら立ち寄り、朝食のフレンチトーストが人気だそうな。

軽井沢の「食」といえば、蕎麦《そば》くらいしか思い当たらなかったが、やはり食も進化している。最近は都会から若い料理人たちがやってきて、フレンチやイタリアンなどの店を開き、好評だということだ。軽井沢はグルメの町としても急上昇している。

カラマツ並木の三笠通り。中央分離帯にもカラマツが立つ。
段差の高い方が「草軽」の廃線跡＝令和２年８月（筆者撮影）

カフェからすぐ近くの旧三笠ホテルは改装中であった。

この伝統のホテルは軽井沢の象徴でもあり、華族や政治家、富裕層らの社交場となり、〝軽井沢の鹿鳴館《ろくめいかん》〟とも呼ばれた。西洋風の木骨様式のクラシックな建物は、日光の金谷ホテルと比肩される。やはりこちらもビーフカレーが名物で、以前お高いカレーをおそるおそる食べに来たことがあった。牛肉たっぷりの味も忘れられないが、何よりも落ち着いた静けさが印象的だった。客室わずか三〇、定員四〇名の格式を長らく守っていたが、その格式にこだわるあまり経営は苦しく、残念ながらホテル営業は、昭和四五（一九七〇）年に幕を閉じた。今、建物は軽井沢町に寄贈され、国の重要文化財となっている。

三笠駅は付近に三笠ホテルやゴルフ場があり、散在する別荘地の中心だった。簡素な駅舎があり、ホームはカーブしていた。

「草軽」は三笠から逆戻りするように大きなカーブを切り、離山《はなれやま》の麓を縫うように走り、鶴溜へと向かう。三笠から小瀬温泉までは目と鼻の先で、有料道路の白糸ハイランドウエイを使えば直線距離で一・七キロしかない。しかし列車は鶴溜経由で大回りし、三七分もかけて一三・八キロを走った。直線では勾配があり、小さな電気機関車ではとても登り切れなかったからだ。

「草軽」はいよいよ高原鉄道の真価を発揮して、離山の裾野を走る。

旧軽井沢駅付近を新軽井沢に向けて走る列車。駅は現在の旧軽ロータリー付近にあった。踏切警手の姿も＝昭和 30 年（土屋写真店提供）

第三章

三笠——鶴溜——小瀬温泉

新天地《しんてんち》

初冬の浅間山をバックに、客車2両を引いたデキ12形が鶴溜—小瀬温泉間を行く（黒岩薫提供）

三笠からカーブして別荘地へ

一〇月中旬、晴れ渡った秋の日だった。

軽井沢ではちらほらと紅葉がはじまっていた。

草軽電鉄の軌道敷は、新軽井沢から旧三笠ホテルの手前までほぼ一直線だったが、三笠駅から大きく南西方角へカーブする。かつては洋風の木造駅舎があり、島式ホームがレールに沿ってカーブしていた。風景は開けており、点在する別荘やゴルフ場がホームから眺められた。

三笠駅からそのまま直行すれば小瀬温泉駅は近いが、そこには急坂が立ちはだかっている。「草軽」はひょいと踵《きびす》を返すように後ろを向く。いかにも子供が坂道を嫌がるような素振りである。この坂道は今は旧軽から白糸の滝を経て峰の茶屋へ向かう有料道路「白糸ハイランドウェイ」となっているが、急坂でカーブが多く、クルマで走っても見通しがきかず苦労するところだ。開業当時は小さなドイツ・コッペル社製の蒸気機関車だったたから、とてもこの急坂は登り切れまい。

鶴溜《つるだまり》へ向かう。しかし先は軽井沢三笠倶楽部の別荘地となっており、入り口には「立入禁止」の看板が立っていた。そこで管理事務所に電話して尋ねると、「通り抜けるだけならば問題ないです」との返答だった。見れば一般車両もスイスイと出入りしている。おそらくここは私有地なので、所用のないあやしい者が別荘地に侵入することへの警告で、ただ鶴溜方面へ抜ける交通路として使うだけならば問題はないようだ。

同行する西森聡カメラマンは現在嬬恋村の住民なので、自家用車は軽トラックだ。これならば地元民としてあやしまれることはないだろうと、私たちは堂々と侵入した。

道は離山《はなれやま》の麓を縫い、鶴溜、中軽井沢方面へと向かっている。「草軽」は恐らくこの道伝いに走っていた。いや、この道が実は廃線跡で、道路はその後に整備したのかもしれない。「草軽」の線路敷は二メートルほどしかないから、道ができればたちまち埋まってしまうことだろう。

周囲は閑静な別荘地で樹影が濃い。木々に囲まれてログキャビン風の別荘が建ち、テニスコートやゴルフ場がある。樹林はドングリやカエデなど広葉樹が多く、明るい紅葉がはじまっていた。いかにもリゾート地・軽井沢という雰囲気。のんびりと逍遥《しょうよう》を楽しみたいところだ。

道は離山の北麓をうねうねとゆく。「草軽」はレールを軋《きし》ませて、細かいカーブを刻みながらこの道を登ったに違いない。やがて両側が狭まり、深山の雰囲気となった。両側に建つ別荘は離山の傾斜地に建ち、いかにも「山荘」の趣となる。

離山は〝軽井沢のテーブルマウンテン〟の異名がある。ほんもののケープタウンのものとは比べものにならないが、浅間山噴火の時にできた円錐《えんすい》台形の溶岩ドームで、頂上が平らなのでこの異名がある。ただし、廃線跡はその麓に沿っているので山容は望めない。

「鶴溜駅跡」という小さな標識を道の右脇に見つけた。周囲は山峡の雰囲気である。

今に残る「草軽」の記憶だ。

鶴溜駅の跡地に立つ小さな看板を取材する。開通100周年を記念して平成27年に草軽交通が設置した。文字は当時の社長の直筆＝令和2年8月（西森聡撮影）

草軽軽便鉄道　開通一〇〇年記念

一九一五年七月二十二日　新軽井沢―小瀬間、九・九八五キロ

とあった。

当時の写真も掲示されており、小浅間山を背景に木造板張りの駅舎とホーム、四人の男女が写っている。おそらく学校帰りの子どもたちだろう。当時周囲は草原のように開けており、今のように鬱蒼《うっそう》と茂る森ではなかった。駅からは沓掛（中軽井沢）の街並みが遠望できたという。

鶴溜には駅員が一人配置されていた。利用するのは中学生が多く、帰宅のため走ってくる生徒らが無事に乗り込むまで列車を待たせてくれたという。運転士も心得たもので、小瀬温泉までの区間でスピードを上げ、到着時刻に間に合わせた。

のんびりしたものである。

日本にもこうした緩やかな時間の流れがあったことにしみじみとする。

線路が敷かれた頃、ここは別荘地ではなかった。しかし、なぜこんな場所に駅をつくったのだろうか？　誰しも疑問に思うことだろう。

『思い出のアルバム　草軽電鉄』（郷土出版社）にその答えがあった。「草軽」の起点をめぐり草津と軽井沢との確執があった。当初起点は沓掛の予定だった。沓掛は浅間三宿の一つで、信越本

線が開通して以来、首都圏から草津温泉へ向かう湯客の起点駅だった。草津側からすれば湯客を直接温泉へ運ぶつもりだった。ところが軽井沢在住の名士、有力者が沓掛起点に反対し、軽井沢発を提案、沿線に別荘地を開発する、という約束でこの迂回となったようだ。

鶴溜から沓掛へは徒歩で行けた（といっても二・六キロあり、歩けば四〇分くらいかかったが、当時の旅人にはさほど遠い距離ではない）。つまり鶴溜駅は旧軽と、旧宿場だった沓掛を結ぶ中継地として誕生したのだった。

「草軽」は自由な時代の風を切って走った

鶴溜駅から星野温泉は近い。

星野温泉は今や現代をリードするリゾートホテルの先駆「星のや」の原点である。もともとここは草津温泉の仕上げ湯だった。仕上げ湯とは、草津温泉の湯は皮膚病に効くも強酸性の湯で肌を痛めるため、帰りにやわらかい湯（ナトリウム—炭酸水素塩泉）に入って、荒れた肌を癒やす湯のことである。

星野温泉は大正二（一九一三）年、製糸業を営んでいた星野嘉助（三代目）がボーリングに成功し、温泉宿をはじめた。

星野温泉を世に広めたのは、大正一〇（一九二一）年に開かれた「芸術自由教育講習会」だった。ここには内村鑑三、与謝野鉄幹・晶子夫妻、北原白秋、島崎藤村らが集まり、文学や思想を語り、自由に学ぶ場所として開かれた。

大正時代は二つの戦争が終わり、それまでの軍国主義、藩閥政治の重い空気がふと雪解けし、古き明治に代わり軽やかな新しい時代を迎えた時だった。尾崎行雄や犬養毅の護憲運動が起こり、大正デモクラシーの風が吹いた。

そうした時代の機運の中で芸術、文芸は活発な動きを見せていた。

軽井沢はキリスト教の宣教師クロフト・ショーが広めたという機縁もあり、多くの外国人らが別荘をもち、エキゾチックな土地柄が誕生していた。また高原の爽やかな風に誘われて、多くの作家、芸術家たちが集まった。

与謝野鉄幹・晶子夫妻、堀辰雄、室生犀星、萩原朔太郎、芥川龍之介、若山牧水、川端康成、西条八十……。軽井沢ゆかりの作家は枚挙にいとまがない。

元星野温泉取締役の星野裕一さん（七四歳）は生まれも育ちも星野で、今をときめく星野佳路《よしはる》さんの父上の従兄弟《いとこ》に当たる人だ。

からまつはさびしかりけり　たびゆくはさびしかりけり

北原白秋は軽井沢を一躍有名にした歌人だが、そのカラマツは一体どこのカラマツだったのか。これを星野さんは研究した。

「『芸術自由教育講習会』が星野で行われていたとき、白秋は午前中散歩するのが常でした。千ヶ《せんが》滝《たき》の野球グラウンドのそばに座り、好きだった野球を見ていた。その時に眺めた樹齢一二、三年のカラマツ林がそれだったんですね。今はテニスコートの駐車場となってしまいましたが」

白秋は九州・柳川の人で、カラマツは見たことがなかった。海外留学の経験もなかった白秋は軽井沢の異国風な情緒に浸り、それを象徴するかのような真っ直ぐに伸びたカラマツに新鮮な感動を覚えた。

「『芸術自由教育講習会』は大正ロマンを象徴するような存在でした。内村鑑三は一九二一（大正一〇）年から亡くなるまで一〇年間、別荘を借りてここに暮らしていました。星野温泉には風呂に入りによく来たようです」

当時の若き館主・星野嘉助は内村の影響を受け多くのことを学んだようだ。

裕一さんは眼鏡を外して記憶を辿《たど》るかのように遠くを見やる。

「草軽」の思い出は？　と水を向けると、

「ギ、ギ、ギーとカーブを切る音がここ（星野温泉）まで聞こえてきました。子どもの頃は鶴溜から新軽井沢までよく乗ったもんです」

「草軽」は貨車も連結していた。

「草津方面から黄色い硫黄を運んでいましたね。少年時代、線路に落ちてる硫黄を拾い、それを大切に瓶に入れて家に帰ってきたもんです。瓶を押し入れにおいておくと、虫よけ、除虫薬になったんですね」

「草軽」は星野さんにとって、少年時代への郷愁だった。

「草軽」が軽便鉄道会社として誕生したのが大正元（一九一二）年。大正という自由な風が吹きはじめた年に生まれた、というのがなぜか象徴的である。

忘れがたい三人の面影

新渡戸《にとべ》稲造、内村鑑三、有島武郎。この三人は軽井沢にとって忘れがたい存在だ。

新渡戸稲造は明治三八（一九〇五）年、メアリー夫人と軽井沢を訪れ、メアリー夫人の故郷・アメリカ東部にも似た自然環境が気に入って駅近くの矢ヶ崎に別荘をもった。

大正七（一九一八）年、当時東京女子大学の学長だった新渡戸は後藤新平に誘われ、「軽井沢通俗夏季大学」（のちの「軽井沢夏期大学」）を開講、後藤が総長、新渡戸は初代学長となった。

「軽井沢夏期大学」は後藤がはじめた「通俗大学」運動の一環で、〝学俗接近〟を提唱し、学問、教育がただ大学内にとどまらず、一般社会人に開放し、社会還元することを目的として生まれた。

当時大学といえば富裕層のほんの少人数しか入学できなかった。そのため、学者らは〝象牙の塔〟を築き、学園内に留まっていた。軽井沢夏期大学は知識・学問を通俗（一般社会）に開放しようというものだ。新渡戸も同じ考え方をもっており、その活動は学内だけに留まらず実業之日本社などの出版社設立に及んでいる。

「軽井沢夏期大学」も、やはり大正という時代を象徴する企画だった。講師は吉野作造、尾崎行雄、演劇界の小山内薫、新聞界の柳田國男（朝日新聞）、正力松太郎（読売新聞）など錚々《そうそう》たるメンバーで、洋館建ての講堂や一二〇人収容の寄宿舎などを、軽井沢の別荘地開発に尽力した野澤源次郎が寄付した。聴講生は教員、学生、銀行員、自営業者など多彩で、北海道から沖縄、果ては朝鮮、満州からの参加者もあり、最盛期には四七〇人を数えた。

新渡戸の別荘は小川が流れ、カラマツの森に囲まれた瀟洒《しょうしゃ》な三階建ての木造家屋だった。別荘はすでにないが、その名は今も「新渡戸通り」として残っている。

一方、「芸術自由教育講習会」は内村鑑三が中心だった。内村は旧制一高（現在の東大教養課程）の教師時代、教育勅語の奉戴《ほうたい》式に礼拝を躊躇《ちゅうちょ》して〝不敬事件〟を起こしたことで知られるが、足尾鉱毒事件に抗議を訴え、日露戦争にも反対し、大胆な非戦論を唱《とな》えた。キリスト教徒であり、「無教会派」を宣言し、「教会に属さなくとも神は貧しき者たちを救う」と説いた。

当初「芸術自由教育講習会」は木造小屋ではじめたため、内村はそれを「星野遊学堂」と名づけ、「遊ぶことも善なり、遊びもまた学びなり」と思想、宗教に捉われない自由な空間として子供たちや市民に開放した。戦後、その跡地は「軽井沢高原教会」となり、今は若いカップルに人気である。また近くの「内村鑑三・石の教会」は無教会派の内村の意志を継ぎ、尖塔《せんとう》もステンドガラスもない、天然石とガラスでつくられた独創的な空間だ。祈りは誰もが平等。神が創り出した偉大な自然の中での祈りこそがその本質である――というべき内村の思想に基づき、オーガニック建築家のケンドリック・ケロッグが設計した。

一方、星野とは少し離れるが、塩沢湖の近くに「軽井沢高原文庫」がある。軽井沢文学の集大成ともいえる施設で、堀辰雄の山荘を旧軽から移築し内部を公開しているほか、野上弥生子の書斎も移築、前庭には立原道造の「詩碑」が建立されている。

鶴溜から小瀬温泉に向かう軌道敷の跡は舗装された道。木々の間から浅間山を望む＝令和３年３月（西森聡撮影）

その傍らに有島武郎の別荘「浄月庵」がある。有島武郎は若い頃、白樺派に属し、『カインの末裔』『惜しみなく愛は奪う』などを書き、人道主義による理想社会をめざしていた。浄月庵と名づけた別荘で、有島は大正五〜一一（一九一六〜二二）年、毎夏を過ごした。

この三人に共通していたのは、いずれも札幌農学校の出身者だったことだ。

新渡戸と内村は二期生、かのウィリアム・スミス・クラーク博士に多大な影響を受けた学生だった。札幌農学校は官立でありながら、クラークの希望により、濃いキリスト教の影響下にあり、二人は入学早々「イエスを信じる者の誓約」に署名している。新渡戸も内村も卒業してアメリカへ留学しており、内村はクラークが教授をしていたアマースト大学へ進んだ。クラークは晩年恵まれなかったが、生涯で一番幸福だったのは札幌時代だ、と言い残している。

有島は明治一一（一八七八）年生まれ。二人とは一世代下だが、新渡戸が帰国後札幌農学校の教授をしていた時の教え子で、以来新渡戸は有島を弟のように可愛《かわい》がった。新渡戸が自費で開いた貧しい子どものための夜間学校「遠友夜学校」の代表も有島に継がせている。また軽井沢夏期大学では有島は喜んで、アメリカの詩人ホイットマンの講演を引き受けている。

時を駆けた三人は、神が与えた新天地として軽井沢に理想郷を求めた。ここは北海道にも似ていた。浅間の麓には広大な原野が広がり、針葉樹林の森が帯を描く。高原には爽やかな風が吹き、花々が乱れ咲く。森の中に建つ清楚《せいそ》な教会は彼らの夢を実現するかのようだった。

彼らは若き日の札幌、そして旅だったアメリカを思い出しながら、語り明かしたことだろう。

二人を兄のように慕った有島は理想に燃え、北海道狩太《かりぶと》（現在のニセコ町）にあった父親譲りの広大な農場を小作人に解放した。

しかし、有島は大正一二（一九二三）六月、突然軽井沢の別荘で情死した。その時有島は四六歳の男盛り。愛する妻に二八歳で先立たれ、以来再婚はしなかった。

相手は既婚の雑誌編集者、波多野秋子《はたのあきこ》だった。『或《あ》る女』を発表して、作家としての地位を不動のものにした絶頂期だった。しかも秋子との関係はわずか一年にも満たなかった。

「なぜだ！」――。信頼した後輩に先立たれ、新渡戸も内村も号泣した。しかし、二人は有島のわがままを許さなかった。三人で育んだ軽井沢の自由・博愛の理想郷の夢を、一番若い有島が消し去ってしまったのだ。

晩年を星野温泉の貸別荘で過ごした内村は昭和五（一九三〇）年に死去。その後、国際連盟事務局次長となり、日米の平和の桟《かけはし》たらんとした新渡戸は昭和八（一九三三）年、渡航先のカナダで死去した。

有島が呼んだのか、二人は有島の影を追うようにして、相次いで世を去った。

「草軽」はそうした軽井沢の秘めた物語を運び、大正から昭和へ、戦乱の雲がしのび寄るのも知らず、律義にそしてゆるやかに離山の麓を走っていた。

鶴瀦駅。単線区間を前進するためのタブレット交換の様子
（草軽交通提供）

第四章

小瀬温泉——長日向

分教場《ぶんきょうじょう》

雪がうっすら積もった小瀬温泉駅で行き違う上下の列車。駅は鶴溜駅からの急勾配が緩やかになった所にあった。奥に見える別荘風の建物は変電所（草軽交通提供）

映画『山鳩』に見る、過ぎし日の小瀬温泉駅

鶴溜《つるだまり》駅跡から林道のようなか細い道が北へ延びていた。開通当時は二駅をつなぐ道はなく、次の小瀬温泉へは線路伝いに歩くしかなかった。

「草軽」の廃線跡は両側から木立が迫っており、不明だ。かつてはこのあたりから風景は開け、噴煙たなびく浅間山が姿を現し、撮影名所だったようだ。今は樹葉が重なり、残念ながら展望は開けていない。「草軽」の昔の走行写真を見ると、背後に白煙たなびく浅間山が聳《そび》え、草木の生えない高原地帯をカブトムシが客車を引いて走っているが、残念ながら現在、そのイメージはまったくない。樹木がすっかり伸びて大空を覆ってしまっているからだ。

明治、大正時代、森は燃料の炭を取るため伐採された。今のように石油、電気が十分ではない当時、家庭での暖房といえば、薪《まき》ストーブ、炭の火鉢しかなかった。戦時中はさらに軍需のため、樹木は切り倒されほとんど禿《はげ》山となっていた。だから浅間山が間近に望めたが、今は森が再生し、すっかり林道を覆っている。

小瀬方面へ一本の細い林道をたどった。道の左右には山荘風の別荘が点在している。地図を見ると「草軽」はおそらく左手の谷筋に沿って走っていたのだろう。それにしても直線はなくグネグネした道だ。しばらく谷沿いの林道をゆくと白糸ハイランドウェイの有料道路に出た。ハイラ

ンドウェイを少し登ると、バス停の唐松沢があった。

唐松沢は、このあたりに「草軽」の小瀬温泉の駅があったところだ。標高一二〇〇メートルの高原の駅で、一面二線のホーム、駅舎の傍らに別荘風のお洒落な変電所があった。鶴溜―小瀬温泉間、所要一七分、新軽井沢からはここまでは九・九八キロ、所要四〇分余り。大正四（一九一五）年、最初に開通した区間だ。

小瀬温泉駅は映画『山鳩』（一九五七年、丸山誠治監督。森繁久彌・岡田茉莉子主演）の舞台となった。小瀬温泉駅でロケしているから、ぜひDVDでご覧いただきたい。物語を要約すると――。

駅長ひとりの寒駅にある日、自殺未遂の若い女性がひとりで現れる。温泉宿で酌婦《しゃくふ》をしていたが、トラブルがあって逃亡してきたらしい。金をもたずホームで寝ようとするが、駅長が説得して官舎で休ませる。やがて二人は心が通じ合い、夫婦となり、女が産褥《さんじょく》の折、たまたま運輸省の技師と鉄道会社の運輸課長の一行が視察にやってきていた。官舎でお産がはじまり、駅長は気が気ではない。慌てたあまり転轍《てんてつ》機のポイント操作を誤り、列車は脱線してしまった。たまたまこの日、勤続一五年、無事故の表彰を受けるはずだった。駅長はそのことよりも赤児《あかご》の顔が自分に似ていたことに生涯の幸福を感じたのであった――。

ほのぼのと田舎の駅長の人情を感じさせる映画で、物語は旧軽井沢駅に三五年間務めた駅長の話からヒントを得て書かれたものだという。

劇中の駅名は「落葉松《からまつ》沢」となっており、今はバス停の名「唐松沢」として残っている。

小瀬温泉はここから二キロも離れている。温泉宿へゆくには坂道を歩いて二〇分ほど登らねばならない。

「草軽」の平均時速は一五キロくらいで、自転車くらいのスピードだった。学校の先生がデッキから転落してもケガはなかった。悪たれ小僧が小便のため途中で降り、用を済ませてから駆けつけても間に合った――などという逸話が残っている。

当初はドイツ製のコッペルや雨宮鉄工所製の小型蒸気機関車がけん引していたが、大正一三（一九二四）年に電化され、例のカブトムシ（L字型のポールが長い電気機関車）がやってきた。カブトムシ機関車はもともと炭鉱の坑道で使用されていたもので、パワーはない。おまけに「草軽」では極力勾配を避けたためやたらカーブが多かった。昭和三四（一九五九）年の時刻表では一日八便（うち二便は北軽井沢まで）、客車列車は二両編成で貨車が連結する混合列車が多かった。新軽井沢から小瀬温泉まで四〇円、全線乗って二一〇円だった。

「草軽」が廃止となったのは昭和三七（一九六二）年。私は名古屋の高校一年生の時であった。名古屋から中央西線で松本あたりまでは何度も乗ったことがあったが、軽井沢はやはり遠かった。そのころ日本は東京オリンピック、新幹線（東京―新大阪間）開業を二年先に控え、世の中は高度成長をまっしぐらに走っていた。「草軽」はそうした時代に背を向けるかのように去っていった。「ゆったりした時間の流れ」はもう取り戻すことができない。

森の一軒宿、小瀬温泉

小瀬温泉ホテルに泊まった。

峡谷の一軒宿で周囲は深い山だ、同じ軽井沢町とは思えないほど静かである。

テラスに腰かけると、目の前に小沢が流れ、周囲の森の霊気に包み込まれる。

ヘミングウェイの小説でも読みたくなる気分だ。

建物は木造二階家、田舎の旧家を改築して、西洋の別荘風の趣を加え、質素ななかに気品が漂う。軽井沢町長の語った〝軽井沢文化様式〟のお手本のような雰囲気だ。

温泉に浸《つ》かる。大きな浴場ではないが、人の気配はなく静かで心地よい。

温泉は源泉かけ流し。泉質はナトリウム―炭酸水素塩泉で、肌にやわらかく、熱からず微温《ぬる》からずの湯加減はちょうどいい。

沢音を聞きながら、のんびりと湯浴《ゆあ》みを楽しんだ。

宿の歴史は五〇〇年を超えるという。軽井沢でも最古参の温泉で、もとは鉱泉だったが先代の時にボーリングして五〇℃を超える源泉を発掘した。

江戸期は中山道の脇宿で旅人の宿泊や周辺の農家が湯治に使ったが、昭和に入り、首都圏の避暑客が多く利用した。クーラーのない時代、高原の涼しさが売りものだった。外国人も利用し、戦時中は同盟国だったドイツ人も泊まった。避暑客は一週間、一ヵ月と長逗留《ながとうりゅう》が常だった。

夕食は〝お箸で食べるフレンチ〟というもの。前菜はイワナ、豚肉、紅鮭のなどの小品、そしてサラダ。メインはローストビーフ。贅《ぜい》沢《たく》ではないが質素でもなく、すべてが彩豊かで低カロリーで体に優しい。ピュアな国産の赤ワインが料理を引き立ててくれた。

翌朝、主人の堤國男さん（七七歳）に話をきく。

堤さんは小瀬で生まれ育ち、大学卒業後に箱根の富士屋ホテルで修業をして帰ってきた。信州人に多い飾らぬもの静かなインテリタイプで、経営はすでに息子さんに委ねている。

「父親（堤六郎）が昭和六（一九三一）年に引き受けたんです。当初は掘っ立て小屋のよ

現在の小瀬温泉ホテル。町中の喧騒とはかけ離れた峡谷の一軒宿で、森の霊気が漂う。小瀬温泉駅からは 2km も離れていた＝令和 2 年 11 月（筆者撮影）

うな旅館だったようですが、四〇年前に大改装しました。宿の自慢は環境と温泉くらいですかね」

先代の六郎さんは東京・神田で文房具店をしていたが、知り合いだった老夫婦から宿の経営を頼まれた。旅館業はしろうとだったが、母屋の建て直し、浴室の整備、客室の建て増しなどを行い、鯉のあらい、山菜などの郷土料理を必死で覚えた。先代夫妻は宿改築のため一日も休むことなく働いたようだ。

山の中のポツンとある一軒宿（当初は「蓬来館」といった）である。今では旧軽からクルマで一〇分ほどで到達するが、昔は「草軽」を利用するしかなかった。食料、燃料、備品などすべて「草軽」が頼りだった。

「鶴溜に中学がありましたから、毎日、『草軽』に乗って通いましたね。長日向《ながひなた》からの子供らも一緒でした。遅い列車だから発車してからでも走って追いつけましたよ」

車両には運転士と車掌が一人ずつ乗っており、下りは車掌が手動でブレーキをかけた。戦時中車掌は女性が多かったので、カーブや急坂が多く、さぞや大変だっただろう。脱線したら、乗客が降りて、木を当てがい皆で「ヨイショ」とやる。そのために使う枕木が線路端に各所用意してあった。

もの静かな堤さんが突然気色ばんだ。

「そう、そう、そういえば上野駅で『小瀬温泉行き』のきっぷが買えたんですよ。高校生の時で感動しました。小瀬は我が家しかないですからね。我が家行きの私設きっぷみたいなもんだったですよ」

アメリカへ留学した友人が、三〇人くらいの外国人を連れてきたことがあった。この時も驚いた。そのうちの三、四人が小瀬温泉の名を知っていたからだ。こんな山の中の温泉が有名だとは自分でも自覚がなかったからだ。

「地元より東京の方が有名かもしれませんね？」

映画監督の山田洋次さんも気に入って泊まった。渥美清さんも家族ぐるみで常連だったようだ。こうした昔気質《かたぎ》の小さな温泉宿が今をときめく軽井沢に存在していることが嬉しい。

廃線跡を辿《たど》り柳川橋梁を見る

バス停の唐松沢付近から、有料道路を逸《そ》れるように北へ真っ直ぐに林道が延びていた。地図を見ると、これが廃線跡に間違いなく、草茂る道はキャンプ場へと延びている。道幅は二メートルくらいで、両側は草木が茂っている。林道の直線は珍しいから、やはりこれは廃線跡に違いない。

入り口には「熊出没注意」の掲示があり、林道の傍らには、

有害鳥獣用の罠《わな》を設置してあります。危険ですので、この標識附近には近寄らないでください。

軽井沢町猟友会

とある。

なんだか危険そうだが、地図を見るとキャンプ場まではわずか一キロ弱なので、気合を入れて歩くことにした。ブーツを履いてきたから足元は大丈夫、濡《ぬ》れはしない。腰には水ボトルをぶら下げているし、クマよけ鈴もリュックサックにぶら下げている。

歩きはじめると樹間にそよぐ風が気持ちいい。青空が広がり、白雲が浮かんでいる。足元には野リンドウ、野カンゾウが咲いていた。どこかでエゾゼミの鳴く声も聞こえる。高原はまだ夏の気配が残っていた。

ほどなくすると、地図にあるキャンプ場の裏手に出た。

今は「ライジングフィールド軽井沢」という名前となっており、オートキャンプ場、バーベキューガーデン、ロッジなどがあるアドベンチャーパークとなっている。

廃線跡はライジングフィールドの裏手を回り、山へと向かっていた。そのままたどると、ゲートがあり「一般入山禁止」とある。やはり管轄営林署の許可が要るようだ。

事務所のあるロッジへ行き、受付で「廃線跡を歩きたい」とわけを話すと、日焼けした逞《たくま》しい男性が、

「営林署から鍵を預かっています。ご案内します。橋までゆきましょう」

願ったり叶《かな》ったり、である。

森の中にある柳川橋梁跡の橋脚。「草軽」で最も高い橋梁で、数少ない確かな遺構。川を挟んで計３基残っている＝令和２年８月（西森聡撮影）

アクティブラーニング事業本部長・濱本昌哉と名刺にある。親切な人であった。「ここは品川区のキャンプ場だったようです。六年前から今の会社が受け継ぎました。廃線跡歩きもアトラクションとしてやっています。結構人気ですよ」とのこと。

心強い案内人が現れたものだ。クマとかワナの注意書きに内心ビクビクしていたが、突然神様がお使いを出してくれたようなものだ。

廃線跡を歩いた。

緩やかなカーブはまさに鉄道線路独特の曲線で勾配も緩やかだ。廃線歩きが気持ちいいのは山登りと違い、平坦な道をゆっくりと自分のペースで歩くことができるからだ。昔山登りに熱中したことがあったが、あの挑戦的な征服感の喜びは青春の一時のものである。すでに人生の峠を降りようとしている私には、この緩やかさがしっくりとする。世の中もバブル経済が崩壊して以来、スローライフの時代となったではないか、と自分で勝手に納得している。

ところどころ砂利が残る。拾ってみると玉砂利だ。軌道を固めるのに使ったバラストだろう。ここではレールを枕木に固定していた犬釘《いぬくぎ》も時々見つかるようである。林道の両側にはびっしりと巨大なシダが密生していた。見事な広葉樹林帯で、まさに原始の森だった。かつて旅したニュージーランドの巨大羊歯《シダ》が茂る無垢《むく》の森林地帯を思い出していた。

巨木も斜面に倒れかかるように立っている。

しばし眺めていると、浜本さんが「こちらがオヤマザクラ、あちらがヤマモミジですよ」と教えてくれた。

サクラもモミジもここでは野生のまま。巨樹となって神木のようにそそり立つのであった。「草軽」はこの道をガタビシと体を軋《きし》ませ、横揺れしながら勾配を登ったことだろう。時にはドーン、ドーンと大地を揺るがす浅間山の噴火の音も轟《とどろ》いたことだろう。かつて浅間山は時々小噴火があり、もうもうと噴煙を大空にたなびかせていた。

鬱蒼《うっそう》とした森林地帯を抜け、やがて谷が近づくと、眼下に橋梁跡が現れた。

柳川橋梁跡で標高一一三〇メートル。「草軽」でもっとも高い橋梁であった。「草軽」に残る名場面の一つである。

もはや橋桁は残っておらず、石造りの橋台だけがこちら側に二基、川を隔てて一基残っている。やっと確かな遺構にめぐり会った。ちょっとした感動だった。

下には川が流れる。湯川の最上流域でイワナがいそうな気配だ。川は渡れず、私たちはライジングフィールドまで同じ道を引き返した。

軽井沢にカラマツはなかった

長日向へゆく。

この日は東信森林管理署軽井沢森林事務所に依頼し、長日向駅跡を案内してもらう手筈《てはず》となっていた。長日向のバス停近く、別荘地「軽井沢ふれあいの郷」の入り口で待ち合わせた。森林事務所の武田康《やすし》さん（四七歳）と木内伸夫さん（六二歳）と落ち合う。武田さんは背が高くほっそりとした好男子。一方、木内さんは私と同じように少し小太りで、がっちりとした体躯の持ち主だ。

かつて長日向には集落があったが、今は無人、失われた村だ。長日向の旧集落へは徒歩で行ける。最初に現れたのは小高い丘にある神社だった。

参道を上ると長日向大山祇《おおやまずみ》神社と書かれてあった。小さな社で周囲は森、古い石塔が二つある。屋根は赤く、壁は傷んでいるが、修復を重ねているようで破損はない。

「今も毎年、秋にお祭りをやっていますよ」（武田さん）

かつて長日向集落に暮らしていた人たちが当時を懐かしんで集まるという。

旧村道をゆくと廃屋が二、三残っていた。いずれも朽ち果てて滅びるばかりだ。

「ここには分教場（小学校）もあり、学校の先生もいました」。木内さんが話してくれた。

長日向――。なんとのどかで暖かな集落名だろうか。老夫婦が縁側で日なたぼっこしているような、その脇には猫も寝そべっている。そんなほのぼのとした情景をしのばせるではないか。

長日向は明治四二（一九〇九）年、戸数七戸の小瀬林業村として開かれた。昭和初期には一五戸、最大八〇人が暮らしていた。

天然資源の木材は燃料として重要だった。木炭は家庭の暖房の主力だった。住宅の新築、改築、電信柱、枕木にも森林資源は求められ、日本の森の多くは明治時代に伐採された。日本各地に森林鉄道が敷かれたのもほぼ同じ時代だ。

そう思えば、「草軽」は森林鉄道でもあったのだ。

日本で最初の森林鉄道は津軽森林鉄道だが、ここ小瀬林業村と同じく明治四二（一九〇九）年に発足している。やがて全国の国有林に敷設され、総路線は一〇〇〇を数え、総延長は八〇〇〇キロに達した。ほとんどが「草軽」と同じ七六二ミリのナローゲージだった。

浅間山麓の樹海は木材の宝庫で、林業村はそうした時代を背景に、専業の林業従事者を集めて誕生した。

拡大造林計画のもと、政府は国有林が伐採できるよう特令を作って後押しした。

「植えろ、植えろ、って時代だったんですね。この地方では養蚕か、炭焼きしか産業がなかった時代のことです。ここらは炭焼きしかないですから、皆が窯をもって木を焼いていました。私が営林署に入った昭和五〇年代でも炭焼きの息子さんたちが多くいましたよ」（木内さん）

ここではカラマツを植えた。カラマツは成長が早く、四〇年で商品となる。電柱や枕木、合板の需要があった。

「軽井沢にはもともとカラマツはなかったんですよ」

木内さんから、やはり雨宮敬次郎の話が出た。

カラマツは軽井沢のシンボルで、北原白秋の詩で知られるが、「雨宮敬次郎という甲州の富豪が明治二〇年代に植林したんですよ。それまで軽井沢は湿地と湖沼。雨宮さんの開墾事業で軽井沢は森になったんです」。

雨宮敬次郎は甲州の財閥、実業家で軽井沢に七〇〇万本のカラマツを植えた人だ。この時、雨宮は肺病を病んでおり、転地療法で軽井沢に来て、成長するカラマツを眺めながら「死後の貯蓄をやっているのだ」と言い残したことは前述した。

カラマツは千曲川上流の川上村から苗を移植した。植林は時の成長産業となり、軽井沢はすっかりカラマツの森のイメージが定着した。

自然の中に消失した長日向駅

森に分け入りながら、武田さんは時々「ピーッ」と笛を吹いた。

笛音がしんとした樹海に緊張の糸を張るようだ。

「昨日、カモシカに会いましたよ。このあたりはクマも出ます」

話をきくうちに、空間が開け、地面が広がった。

「ここが長日向駅跡です」

周囲はミズナラ、コナラの広葉樹林、足元には細い灌木《かんぼく》が覆っている。

しかし、駅の遺構はまったく残っていない。か細い廃線跡が森の中に想像できるくらいだ。

かつては木造平屋建ての駅舎があり、白糸の滝へとハイキングにゆく乗客の乗り降りで夏には賑《にぎ》わったはずだ。

これまで多くの廃線跡を歩いてきたが、こんなに何もない駅跡は稀《まれ》だった。記念館とか、村民会館とか、動輪が展示されているとか、何らかの「おしるし」が残っているのがフツーなのだ。が、ここには少し広場が開けているだけで、周囲は樹木が覆い、形跡は何も残っていない。お二人の案内がなければ素通りするところだ。

かつてはそこに木造の長日向駅があり、急カーブとポイントの関係から上り下り、いずれも右側通行となっていた。この駅で列車交換が行われ、広い構内があったはずだが、今は少しばかりの広場が残っているだけである。逆に自然の回復力、生命力の凄《すご》さを感じた。森は生きており、かつての栄華を取り戻そうとしているのだ。五〇年も経てば、もはや森はまったく自然の姿に還ってゆく。

集落跡には「小鳥の森ロッジ」があるだけで、森影に廃屋と廃墟があるばかり。「小鳥の森ロッジ」は分教場を移築した建物で、以前は営林署の事務所があったが、小瀬温泉の先代夫婦が手直しして誰もが泊まれる宿泊施設にしたようだ。しかし、その宿も今は休業した山小屋のようにしか見えなかった。

『小瀬物語』という本がある。小瀬温泉の堤國男さんの姉上、外記美知子さんの自費出版本で、彼女が通った当時の長日向の分教場のことが書かれており、今では貴重な記録だ。

分教場は、一五軒ほどの林業村の真ん中に、山仕事に従事する人々の子弟のために営林署が建てたものだった。大人たちが仕事に出てしまう昼間、村は先生一人に年寄りと子供だけだったが、校庭の子供たちの声は村中に響き、年寄りたちも見物に来たり、昼食は孫と一緒にしたり、のどかで明るい雰囲気だったようだ。

長日向にはイメージした通り、老夫婦が午後の日差しを受けて、縁側で居眠りしているような光景が実際にあったのだ。

浅間山は四季それぞれの表情を見せながら、分教場に学ぶ小さな子どもたちを見守っていた。

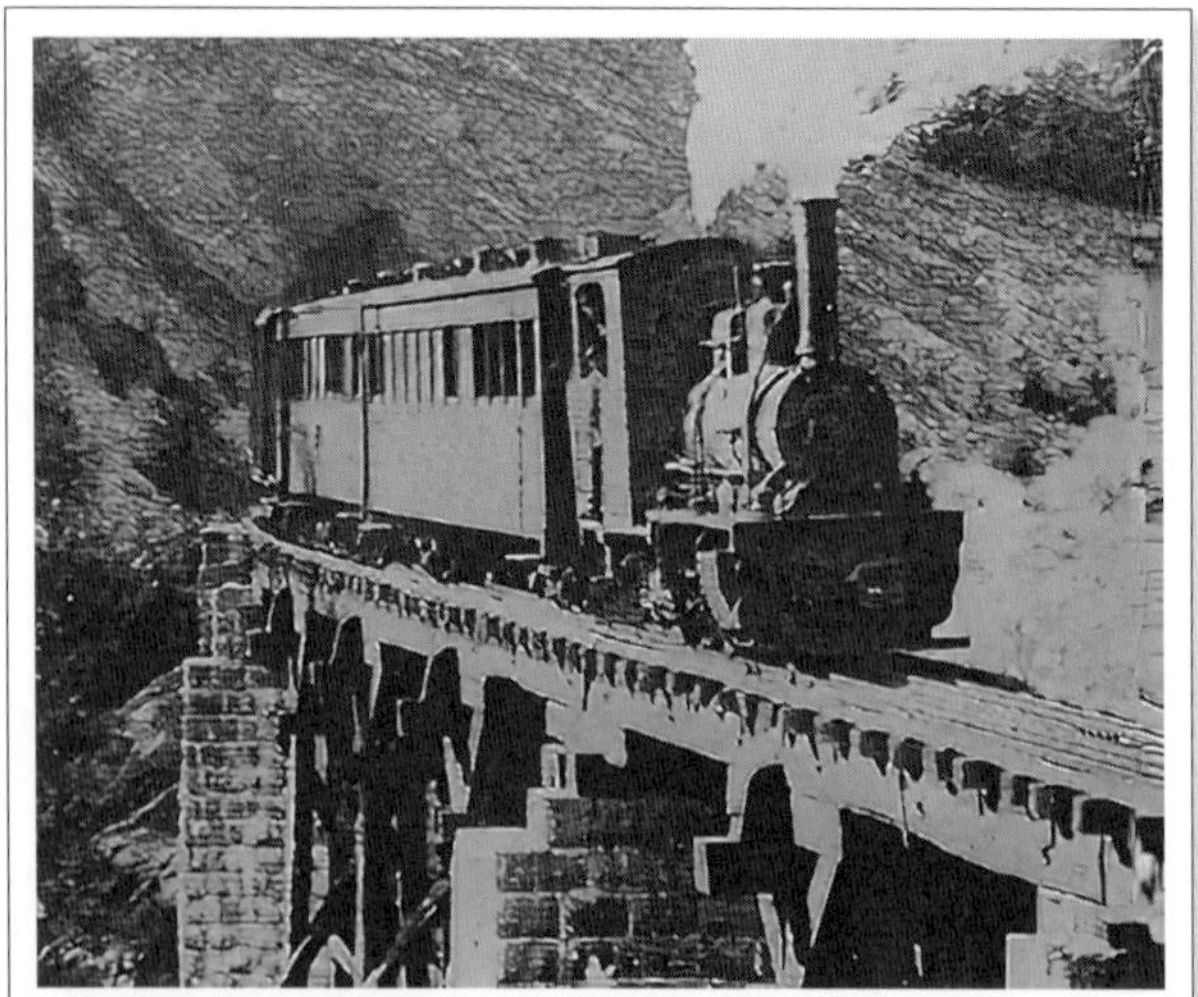

電化前の草津軽便鉄道当時、柳川鉄橋（小瀬—長日向間）を渡る５号蒸気機関車
＝大正８年頃（草軽交通提供）

第五章

長日向——国境平

斑猫《はんみょう》

群馬県境に近い国境平駅で、行き違いの列車を待つデキ16形機関車けん引の草津温泉行混合列車。国境平駅の標高は路線で最も高い約1280メートルあった＝昭和34年7月（羽片日出夫撮影）

「熊出没注意！」の林道を歩く

夏の光があふれていた。

青い空に白片の雲が浮かんでいる。風は爽やかだ。

今回は長日向《ながひなた》から国境平《こっきょうだいら》をめざした。旧長日向集落の隣に「軽井沢ふれあいの郷」の別荘地があり、その奥に林道の入り口があった。ここから続く林道が「草軽」の路線跡だ。新軽井沢―草津温泉間、五五・五キロの行程中、おそらく一番歩きやすいエリアだろう。次の国境平駅跡までの四・四キロが林道となっていて歩いてゆける。一般ハイカーにもおすすめの林道歩きである。

もちろん舗装はされていないが、幅二メートルくらいの歩きやすい道だ。両側に灌木が茂り、その向こうにカラマツが真っすぐにそそり立つ。

事前に森林管理事務所に届けている。事務所からは「熊に気をつけてください」と言われた。最近軽井沢で熊が出たようだ。熊鈴、熊スプレー、鉈《なた》と完全装備してきている。熊は人間に気がつけば、向こうから逃げるといわれる。だから鈴は有効なのだが、最近は事情が変わってきたらしい。秋田のマタギに聞いた話だが、昔は〝奥山熊〟といわれ、熊は深山にしか住んでいなかった。しかし最近は〝里山熊〟が出没し、一生を人間の住む里山付近で過ごしている。森林伐採などで森を追われた熊はドングリなどの食料が減り、里山に食料を求めて村周辺に出没する。軽井沢で出た熊も別荘のゴミ捨て場で食料を漁《あさ》っていたようだ。

　山菜狩りに出かけた老婦人が熊除《よ》けに携帯ラジオを立木の枝にかけて鳴らしていたら、熊が寄ってきて襲われた——という事件もあった。音が人間（餌）の在処《ありか》を教えてしまったのだ。

　などと考えていると、熊鈴も安心できない。熊鈴を鳴らしていた釣り人が襲われた、という話もある。

　なんともやっかいではあるが、ただし襲うという遺伝子をもった熊は確率からいうと一○○頭に一頭もいないらしい。そう考えると、熊鈴はやはり必要ということになる。

　歩を進めると霧積《きりづみ》温泉との分岐に出た。真っすぐゆけば霧積方面だ。

　霧積温泉は古い湯治場だったが、明治時代

長日向―国境平間の廃線跡の林道に立つ「野生動物（熊）」への注意を喚起する看板。筆者も熊鈴やスプレーを装備して歩いた＝令和３年７月（筆者撮影）

に宣教師らが訪れ、別荘が建てられた。しかし大規模な山津波で旅館や別荘が流され、今は金湯館という名の一軒宿の温泉となってしまった。名前の通りこの周辺は霧が深く、仙境を思わせる。金湯館にはかつて伊藤博文が滞在し、そこで明治憲法を起草したという歴史エピソードが残っている。

分岐点を左折して国境平をめざす。

足元には可憐《かれん》な花々が咲いている。アジサイ（原種）、シモツケソウ、トラノオ、ホタルブクロなど白、黄、紫などの色が足元で浮く。いずれも派手さはなく、慎み深い。いかにも深山の趣だ。

カラマツは明治中期になって浅間北麓、長倉山国有林一帯に植樹された。カラマツは成長が早く四〇年で成木となる。しかし第一次カラマツ林は戦争需要のため伐採されてしまった。昭和一二（一九三七）年にはじまった日中戦争から第二次世界大戦まで日本は長い間戦争が続いた。その時に第一次カラマツ林のほとんどは伐採されてしまったのだ。

噴煙たなびく雄大な浅間山を背景に、裾野を走る〝カブトムシ〟機関車の走行風景は有名だが、この付近から浅間山が間近に眺められたのは戦中、戦後の限られた時期でしかない。昭和四〇年代からカラマツの再植樹が行われ、今はその第二次カラマツ林が裾野に樹海をなし、残念ながらここから浅間山は望めない。

昭和一〇（一九三五）年一〇月の時刻表を見ると、新軽井沢―草津温泉間は一日八往復。始発は新軽井沢を五時二五分、最終は一九時五〇分、その間二時間おきに運行している。今のローカル線には比べようもないほど多発だった。鉄道が主流の時代だったからだ。

鉄道紀行作家・宮脇俊三さんは『失われた鉄道を求めて』(文春文庫)で、「草軽」の廃線跡を辿《たど》っている。平成一〇(一九九八)年七月のことで、今から二五年前のこと。「草軽」が廃線になってからすでに三六年が経っていた。

前の晩、軽井沢の山荘で、

赤鉛筆で、五万分の一に記された路線を現在の二万五千分の一地図にトレースしていく。草軽電鉄が生き返ってくるような錯覚をおぼえる楽しい作業である。暇と金があれば、こんなことばかりやっていたいな、と思うほど楽しい。

——本文より

と、準備万端で出かけて行ったが、小瀬温泉と長日向の間で道に迷ってしまう。やはり廃線跡らしき林道を辿ったがなかなか長日向駅跡に着かない。進んだ林道が新しい道で、以前の廃線跡はもはや自然が戻ってなくなっていたからだ。

私たちはブルドーザーの作業員に道を聞きながら国境平へ向かった。宮脇さんが辿ったのは今、私たちが歩いているこの新しい道である。

私たちは地図どおりに曲りくねる緩い登り道を歩いて行った。きのうにくらべると標高が低いので眺めは劣るが、気持のよい道である。林道を通る車も人もない。カラマツ林では、ひたすら小鳥が鳴いている。風が爽やかだ。

——本文より

宮脇さんらは犬釘や枕木を発見しながらようやく国境平に無事着いた。宮脇さんの喜んだ顔が目に浮かぶようだ。

ひらひら飛ぶハンミョウに出会った

林道は曲がりくねっている。

ところどころに伐採されたカラマツの原木が積み重ねられており、森林鉄道の軌道を歩くような気分だ。ときおり周囲の谷からチェーンソーの音が聞こえる。今も伐採作業は続いている。林道は伐採のためのトラクターや作業車が入れるよう作られたもので、いくつかの支線が分かれ、まるで蜘蛛《くも》の巣のように山中に張りめぐらされている。宮脇さんが迷ったのも頷《うなず》けた。

道中には諸処に「伐採中、協力をお願いします」の立て札があり、訪れるハイカーに気を使っている。現在、国有林は原則的に一般ハイカーの立ち入りは許可していない。しかし、ハイキングを楽しむ人も多いのだろう。林道歩きをレクリエーションとして取り入れれば、国有林保全の意味も身近に伝わるのではないか、と思う。

五万分の一地図を見ると、道中二つの谷を越えている。廃線跡は谷間《たにあい》を蛇行している。高低差を避け、標高線に沿ってうねうねと軌道が設計された様子が歩いているとよくわかった。

時々路肩は大きなシダに覆われる。シダの根元には砂利が残っており、いくつかのバラストを拾った。シダが覆う路肩には人やクルマは入らないので、そのまま昔の盛り土が残っている。そんな証拠を探しているとき、一つ目の沢で橋台跡を見つけた。石組みの橋台で堂々としたものだった。軌道はもはや林道と化しているが、かつてはそこを「草軽」のデキ12形が客車を引いて渡っていったのだろう。この辺りからは浅間はほぼ正面に鎮座しており、乗客らの歓声が聞こえるようだ。

林道にはウグイスの声がどこからか聞こえた。標高は一〇〇〇メートルを超えている。盛夏といえども気温は二〇℃前後だ。ウグイスにとってはようやく遅い夏がはじまった気分かもしれない。ジーッと低く鳴くエゾゼミ、ひらひらと道をよぎるシジミチョウ、キの字を並べたように空に舞う赤トンボなど昆虫たちも短い夏を謳歌《おうか》している。

ふと、林道をかすめるのはハンミョウだろうか、と観察したら、まさしくニワハンミョウだった。

少年時代、私は昆虫採集に凝っており、なかでもハンミョウが好きだった。ハンミョウは二センチくらいの甲虫《こうちゅう》で、漢字で「斑猫」と書く。周囲の少年たちにはカブト（甲）やクワガタ（鍬形）

長日向―国境平間の廃線跡（左上）に立つ筆者。
軌道敷のすぐ脇は谷になっていて、のり面は崩落
防止が施されている＝令和３年７月（西森聡撮影）

が人気だったが、その平凡な漢字に比べると「斑猫」という名に神秘性を感じた。〃まだら猫〃である。猫のように用心深く周囲を眺め、敏捷《びんしょう》な立ち回りだ。頭は金緑色、胸は金赤色、全身が七色に輝き、ひらひらと空中を飛ぶ。

人がゆくと数メートル先まで飛び、近づくとふたたび先を飛ぶ。あたかも道案内するようで「ミチオシエ」とも呼ばれる。周囲の道路が舗装されてゆくなかで土中に卵を産むハンミョウは生息域が狭まり、土を求めて神社境内などから山中の林道や河原などに避難していった。記憶に残る最後のハンミョウは釣りに入った伊那谷の渓流の河原で、ほぼ二〇年も前のことだ。もはや絶滅したか、と思っていたのだが、ここでお目にかかるとは感動だった。

廃線跡はそうした小さな生物にとっては避難場所となっている。線路を取り去れば、自然は必ず蘇生する。人間には不便となったが、花や虫にとっては幸いだったかもしれない。

写真を撮りながら、ゆっくり歩いて約二時間三〇分、国境平へ到達した。

信州と上州の国境に駅はあった

国境平の林道ゲートは閉じられていた。旧駅舎はその手前、右側の奥にあったはずだ。しかし、すでにその気配はなく、少しばかりの広場が残っているだけだ。今や周囲は灌木に覆われ、当時の駅舎は想像すらつかない。

国境平駅は標高一二八〇メートル、小海線野辺山駅ができる前まで日本一の高さにあった。駅舎は林の中に建てられ、木造平屋だった。

構内には島式ホームをはさんだ本線のほかに側線があり、広い構内だった。『思い出のアルバム　草軽電鉄』（郷土出版社）には、昭和二七（一九五二）年頃の国境平駅の写真が掲載されており、それを見ると、臨時出札口での記念写真には学生帽のいかめしい男性らに囲まれて、女性はパーマ、カーディガン姿の明るい装いで映っている。大学サークルのハイキング帰りの記念写真だろうか、ようやく戦後が回復した自由な時代の感覚がしのばれる。その傍らには「つつじが原　浅間牧場入り口」の案内板があった。

ここにはサマーオープンカー「あさま2号」の客車が、待合室に代用されて置いてあったはずだ。サマーカーは「しらかば号」「あさま号」という二つの納涼客車があり、貨車を改造し、屋根をつけてオープンカーにしたものだ。乗客は高原の風を頬に受けて涼しさを満喫した（「あさま号」は夏の間、二〇分おきに新軽井沢と旧軽井沢を往復していた時もあった）。

「しらかば号」はシラカバの原木を支柱に使い、フリルのついた屋根がつけられており、「あさま号」は色ガラスを使った窓、車内灯は岐阜提灯で飾りつけられていた。車内ではお茶やジュースを売る売り子もいた。乗客の多くは別荘の家族や子供たちで、浅間牧場へのハイキングや北軽井沢の別荘に向かう人たちだった。実は、このサマーオープンカーは「草軽」の赤字対策の一つだったようである。この年、大幅値下げして乗客増を図り、さらに納涼客車でサービスしよう、という戦略だった。

駅には助役が一人常駐していた。駅には一滴の水もない。三〇分も歩いて谷の底まで降り、バケツ半杯ずつを天秤《てんびん》で担いで汲《く》み上げる。それを列車運行の合間にやった。終列車を見送ったあとには二度上《にどあげ》付近の民家まで風呂を借りにゆくという苦労があった。またウサギ罠《わな》を転轍機《てんてつき》（ポイント）の先にかけておくと冬季にはたくさんかかったという。雪のなかを二匹が連れ立って駅に向かってくるキツネを見かけることは稀《まれ》ではない。

草軽の全盛は昭和二十年ごろ。いちばん印象に残ったのは国境平のつつじの花見客を乗せた納涼列車を引っぱったことだね。このときは何と四両も引いたんだよ。軽井沢から国境平の上りのときは、もう一台カブト虫（機関車）がついてあと押しするんだ。そう、六月の二十日ぐらいかね、花の盛りは。それこそ一面がつつじで真っ赤、絨毯《じゅうたん》を敷きつめたみたいで、夢のような景色だったね、ほんとうに。

――『思い出のアルバム　草軽電鉄』丸山利一郎談より

国境平という名からすると壮大な風景を思わせるが、実際には浅間山と鼻曲山の鞍部《あんぶ》にあたり、展望は開けていない。ちょうど信州（長野県）と上州（群馬県）の境にあるため、その名がある。「草軽」沿線の最高所となり、計算すると軽井沢からここまで三四〇メートル登ってきたことになる。

ここは中央分水界でもあり、軽井沢からここまでの河川は信濃川（千曲川）水系で日本海へそそぎ、この先の沢水は吾妻川に合流し利根川となって太平洋へと流れる。

新軽井沢からここまで「草軽」で所要約一時間、かつては別荘に暮らす家族や小中学生らがこの駅で降りて、つつじが原や白糸の滝をめざしてハイキングを楽しんだ。

国境平を出ると列車は二度上へ下り坂を駆け降りていった。

乳牛が草を食《は》む浅間牧場

♪丘を越えて　行こうよ
真澄の空は　朗らかに　晴れて
たのしいこころ

昭和初期のヒット歌謡曲を知っている人はもはや少ないだろうが、いかにも青春のさわやかさと希望をのせて大ヒットした歌である。

作詞家の島田芳文は九州、福岡の黒土村（現在の豊前《ぶぜん》市）出身の詩人。早稲田大学を卒業して、コロムビアレコードの専属作詞家となり、昭和六（一九三一）年、作曲家・古賀政男と組んだこの『丘を越えて』が藤山一郎の歌で大ヒットした。〝昭和の幕開けソング〟となり、一世を風靡《ふうび》した。国境平はかつては「つつじが原」と呼ばれたツツジの名所、今の浅間牧場の最寄り駅だった。その歌碑が浅間牧場の散歩道の一角にある。島田は北軽井沢をこよなく愛し、戦後は浅間高原の近くの山荘で悠々自適の人生を送ったという。

歌詞にはいかにも昭和という新時代への希望があふれ、国民の心を象徴している。この曲が作られた昭和六年という年には満州事変が起こっている。多くの日本人はそれが侵略の第一歩だとは知らされず、祖国繁栄に新しい夢を託していた。その後、日本は果てしない戦争の時代へと突入してゆくが、浅間山麓の丘の上には、まだ清らかな青空が広がっていた。

浅間牧場は明治一六（一八八三）年、北白川宮能久《よしひさ》親王により放牧場として開設された。この当時、北海道でも同じ事情だったが、明治維新で失職した旧士族を救済するため、政府は開拓事業を推奨した。皇族や旧大名らが政府から広大な土地を貸与され、旧藩士らを未開地の開墾に呼び込んだ。北軽井沢にはこの年に旧館林藩士一二戸、六〇余名が入植している。

火山灰地であり気候が寒冷なため、稲作はできず、多くの移住者たちは林野を開墾して雑穀類（麦、稗《ひえ》、粟《あわ》など）を育てた。それが今の高原野菜栽培の元になっている。戦後、農地改革があり、小作人制度が廃止されたため、移住者らは独立した開拓農家となって意欲的に働いた。折しも満州からの引き揚げ者も加わって、この地の酪農産業は飛躍的に発展することになる。

牧場を管理する浅間家畜育成牧場の事務局を訪ねた。次長の山田真さん、主事の諸田康之さんが対応してくれた。

「昭和二六年に土地が国から県へ移譲され、翌年に県営となり、浅間家畜育成牧場と命名されました。昭和三四年から乳用牛を四〇〇頭飼っています」（山田さん）

浅間牧場という名を聞いて、てっきり個人牧場か、と思っていたのだが、ここは群馬県内の酪農家から子牛を預かり、成牛になるまで預かり飼育する群馬県庁の出先機関だった。

「一歳未満の子牛を預かり、種付け、妊娠まで、半年から一年くらい面倒をみます。成牛にして各農家に返してあげるんです」（諸田さん）

乳牛は乳が出なければ現金化できない。つまり、金を生まない間、農家は牧場に子牛を預け、乳しぼりに集中できるというわけだ。農家は昔は二〇頭くらいの小規模だったが、今は一〇〇頭が標準となり、大規模農場となっている。そこで搾った牛乳が「浅間高原牛乳」「北軽井沢牛乳」などという商品となり、村民や別荘族に人気がある。

浅間牧場は面積八〇〇ヘクタール（約二四〇万坪）、その半分が牧草地で、森や山もある。牛たちは広々とした高原で遊び、足腰を丈夫にする。年間を通して三〇〇頭、夏場はそれに加えて一〇〇頭の牛が放牧される。

牛たちはほとんどが雌牛である。遠目から見ると皆同じに見えるが、臆病なものやいたずらっこなど牛も性格がさまざまだという。

管理事務所のゲートに「熊出没、注意！」の立て札があった。

「この周辺、けっこういますよ。ヒグマと違いツキノワグマだから、向こうから襲ってくることはまずありません。出会いがしらだけ気をつけることですね。熊鈴鳴らしたり話しながら歩いて、先にこちらの存在を知らせておくことです」（山田さん）

またまた熊の話題となった。この周辺、とくに国境平、二度上付近は生け捕った熊を自然保護のため野生へ返すところだという。いわば〝熊の巣〟となっているようだ。

シカ、イノシシも多いという。盛夏には牧場の片隅にオレンジ色のヤマユリや紫色のマツムシソウが咲く。

耳を澄ますと、遠くでカッコウの澄んだ声が聞こえた。

丘を越えて、遠くの世界へ行きたくなった。

長日向駅で行き違う上下の列車（草軽交通提供）

第六章
浅間山噴火

希望《きぼう》

浅間山をバックに急カーブを行くデキ12形けん引
の混合列車。ススキの穂が風になびく（黒岩薫提供）

天明三年、浅間焼けの夏

大事件が起こった。

今をさること二四〇年前、江戸時代の天明三（一七八三）年のこと、浅間山の大噴火である。この年の五月（新暦）、最初の噴火があり、その後収まったが、六月ふたたび噴火。山は鳴動し、あたり一面火山灰が舞い降りた。里人たちはこのころから落ち着かなくなった。さらに七月、鳴動が激しくなり、軽石が北軽井沢一帯に降下した。夜が明けても空一面が噴煙に包まれ、夕暮れのように薄暗くなった。

ついに八月五日の朝を迎える。運命の日だ。

この日は穏やかな朝を迎えていたが、午前一〇時ごろ山頂が光ったと思った瞬間、地面が揺れる轟音《ごうおん》が響きわたり、真紅の火柱が天に吹きあがった。と同時に、大量の火砕流が山腹を猛スピードで下った。山腹の土石は溶岩流により削りとられ〝土石なだれ（土石流）〟となって北へ流れ下った。死者一四九〇人。流出家屋は数知れず、太平の江戸を揺るがす大惨事となった。

鬼押出し園へゆく。

鬼押出し園は「草軽」沿線の最大の名所である。国境平駅からつつじが原を経てのハイキングコースが人気で、軽井沢から別荘族が多く訪れた。

鬼押出しは浅間噴火の際、流れ出た溶岩が固まってできた台地で、山頂付近から北へ約五・八キロ、面積は六・三平方キロに及び、その奇怪なさまは世界三大奇勝の一つともいわれている。修学旅行などで行かれた方も多いだろう。

今回は「草軽」の廃線跡から少し離れ、浅間山の噴火について語りたい。浅間山噴火をおいてこの地方の生活や文化史は語れないからだ。

鬼押出し園は浅間白根火山ルート（鬼押ハイウェー）の途中にあり、目の前に厳然と浅間山が迫る。頂上にはいまも細々《ほそぼそ》と白煙がたなびいている。

浅間山は日本を代表する活火山で標高二五六八メートル。長野・群馬の県境に位置しており、本峰と前掛《まえかけ》山、小浅間の三つの峰で浅間山連峰をなしている。一万年以上前から活動しており、記録の上では天仁元（一一〇八）年、天明三（一七八三）年の二度の大爆発があった。

園内は中央に建つ浅間山観音堂への表参道、裏参道があり、さらに奥の院へと遊歩道が整備されている。

真っ黒な溶岩は異状な形で固まり、当時の凄《すさ》まじさを物語る。激しく凹凸のある岩はゴリラ岩、サザエさん岩、人顔岩、モアイ岩などの名がつけられ、その向こうには緑の山塊がなだらかな稜《りょう》線《せん》でつながっている。観音堂あたりからは正面に四阿《あずまや》山（二三三五メートル）、その右に万座山（一九九四メートル）、草津白根山（二一六〇メートル）など、二〇〇〇メートル級の峰々が連なり、さらに右手遠方には苗場山、谷川連峰を望んでいる。まさに上信越山岳群の大パノラマを見るようだ。

溶岩群の狭間に咲く、可憐《かれん》な高山植物も豊富で、イワカガミ、ヤマツツジ、レンゲツツジ、ハクサンシャクナゲなどが競うように咲いている。溶岩の穴をのぞけば、神秘的なヒカリゴケが闇に浮かぶ。

天と地の大空間の景観を楽しみながら散歩すると、噴火の恐怖はどこへやら、どこかテーマパークをそぞろ歩くような気分である。

やがて現れる朱塗りの建物は浅間山観音堂で、東京・上野寛永寺の別院である。鬼押出しの「厄除《やくよ》け観音」で、震災当時、地元の人々が寛永寺に哀訴し、住職がこの地で追悼法会を営んだことに起因している。観音堂は昭和三三（一九五八）年、寛永寺の別院として創建された。

周囲は広大な溶岩台地なので、寺という静逸さ、抹香くささはない。眺めの良い休憩所、というところだ。

園内にある「大笹駅浅間碑」だけは見ておいてほしい。後述するが、信州街道大笹宿の名主だった黒岩長左衛門が災害の記憶を残すために建立したものだ。揮毫《きごう》はもはや読みづらくなっているが、当時江戸狂歌の第一人者だった大田蜀山人《おおたしょくさんじん》のものだ。しかし、その途中で長左衛門は死去し、息子が父の一三回忌、文化一三（一八一六）年に自宅の林野に建てたものをここへ運んだ。

蜀山人は当代きっての文化の担い手で、狂歌、浮世絵など江戸のスーパー・サブカルチャーの人である。その蜀山人に依頼できたという長左衛門の教養、影響力は評価してよい。片田舎の大笹という脇街道の宿場に、そこそこの風流人がいたことに上州の文化度を改めて見直した次第だ。

鎌原観音堂へゆく

流出した土石なだれは北麓の鎌原《かんばら》村を直撃した。

鎌原村は火口から直線距離で一二キロしか離れていない。土石なだれは時速一〇〇キロの猛スピードで、わずか十数分の間に村をのみ込み、埋没させた。

鎌原村では村民のほとんどの四七七人が犠牲になり、生き残ったのはわずか九三人だった。

高台にあった観音堂へ村人たちは一斉に避難した。到達できた九三人の命を観音堂が救ったのだ。

その後、発掘された民家からはキセルに残った吸いかけのたばこや、燃え残った線香が発見された。たばこに火をつける間もなく、線香も燃やしたままで逃げ出した村人の動揺した姿が想像できる。土石なだれは津波のようで高さ五～六メートル、しかもあっという間の出来事だった。

江戸時代の旅人、菅江真澄《すがえますみ》はこの時、信州の松本近くにいた。

彼は日記（『伊那の中路《なかみち》』）の中で、重なり合った山々のむこうに夏雲が空高くわきあがるように噴煙が立ち昇っている様子を見た。さらに、国々の役所からは早馬が煙の出所を探しに出ており、「日がたつにつれて、使者の数はふえるばかりだった」と日記に留めている。

真澄はその後、東北地方へと旅を続け、天明の大飢饉《ききん》を目の当たりにするが、それが遠く離れた浅間山の噴火にも起因するとは、この時は夢にも思わなかったに違いない。

鎌原観音堂は鬼押ハイウェーを嬬恋村方面へ下った途中にある。クルマで下ると一〇分くらいで着いた。

観音堂は村で唯一残った建物だ。

想像していたより観音堂は小さく、とても九〇人を収容できるとは思えない。おそらく観音堂が高台にあったので、この周辺に村人らは集まったのだろう。

鎌原観音堂。大噴火の火砕流はお堂下に見える橋の下まで達し、逃げてきた村人を襲った＝令和４年４月（武田元秀撮影）

茅葺《かやぶ》きの観音堂は正徳三（一七一三）年の建物。本尊は十一面観世音菩薩《かんぜおんぼさつ》で、戦国時代には武田氏、真田氏に属していた鎌原城主の出陣祈願の場でもあった、と説明書きにある。

扉は閉じており、内部には菩薩坐像《ざぞう》と薬師如来立像があるというが、暗くて見えない。ＮＨＫ『ブラタモリ』のロケの記念写真などが扉にベタベタ貼ってあり、なんだかいきなり俗っぽい気分になった。

境内には「流死馬供養地蔵」があった。村では農耕や運搬（引馬）のため馬を多く飼っていたが、噴火の時一六五頭が死んだ、と伝わる。馬は家族と同じ屋根の下で飼われ、家族同様に愛されており、馬方を仕事にする村の男衆も多かった。

五〇段あった観音堂の石段が一五段だけ当時のままに残っている。生死を分けた一五段だ。

その後の調査発掘で、石段の下に埋もれるようにして二体の遺骨が発掘された。二体とも女性のもので、若い女性が老婆を背負っていた。二人は逃げきれずに石段途中で土石流に飲み込まれた。

哀れみを誘う二人の女性の遺体

観音堂の脇に、村営の嬬恋郷土資料館がある。

館長の関俊明さんに話をきいた。

「昭和五四（一九七九）年から発掘調査がはじまりました。その時石段で遺骨が発見されたんです。三〇代くらいの女性の方が老女（推定五〇～六〇歳）をかばうような形で残っていました。もしふりほどけば若い女性だけは助かったかもしれないですね。でもそうしなかったことが哀れです」

関さんはイタリアのポンペイでも調査に加わった。ポンペイはナポリに近い古代都市遺跡で、紀元七九年、ベスビオ火山の噴火で町全体が埋没した。鎌原村と同じ状況だ。

「ポンペイでも同じような発掘がありました。二体が重なっており、一体の遺骨には足環があり、もう一体には指輪がありました。奴隷が女主人をかばったのではないか、と推測されています」

さらに鎌原村では画期的な出来事があった。

残った九三人が離村せず、この村で再出発を図ったことだ。

残った者たちでまったく新しい家族を編成するという画期的な試みだった。妻をなくした夫が新しい妻を迎え、夫を亡くした妻が新しい夫を得、子をなくした親が新しい子を、さらに祖父、祖母を……というふうに、世にもまれな〝新家族〟が再編成されたのだ。おそらく世界でも類をみない村の再生法である。村は幕藩体制の基盤だった。村が喪失すれば人々は流浪の民となり、他国へと流れ出てゆくしかなかった。それ以上に人々は暮らした村を愛していたのだろう。

「今ならば避難所や仮住宅とかが造られるんでしょうが、当時はほかに行き場がなかったんでしょ

鎌原観音堂に通じる石段の発掘調査（昭和 54 年）の時の写真。調査では全部で 50 段ある石段のうち約 35 段が火砕流などで埋没していることが判明。さらに 2 人の被災者の白骨遺体が見つかった（嬬恋郷土資料館提供）

うね。残された者同士で新しい家族をつくったんです。幕府としてもここは要所（宿場）として残しておきたいという希望があり後押ししたのでは、と思います」

村も噴火前と同じ区割りで復元した。二ヵ月後の一〇月には新家族七組の祝言（結婚式）があり、幕府の役人も祝言に駆けつけた。さらに翌年一月に三組と、その後二〇組の祝言が行われた。

関さんは「きっと強いリーダーがいたのでしょう。」と推測する。

そうか、モーゼがいたのだ。そのモーゼとは、前述した大笹宿の黒岩長左衛門、干俣村の干川小兵衛、大戸村の加部安左衛門の三人の名主だったのではなかったか。

浅間山噴火は古くは〝浅間焼け〟と言われる。この浅間焼けの被災のさなかで援助したのはこの三人だった。三人は村の命の恩人ともいうべきで、被災者の復帰までのあらゆる面倒をみた。のちに代官に援助を請願したのも名主たちであった。

長左衛門は炊き出しや納屋での寝床の提供、衣服の供与など援助を惜しまず、信州上田まで米を大量に買いつけにゆかせたり、大麦、味噌、草鞋《わらじ》、縄、現金など供与した。また救済のため大笹に引湯溝《いんとうこう》を造らせ、当面の仕事のない村人延べ四〇六三人に賃金を払った。その引湯溝は今も大笹に残っている。

小兵衛は避難者らを快く迎え、上田から米一二〇俵を買い付け、避難民を二ヵ月近く養い、私財を投げ打って助けた。安左衛門も二人と同じく、働いて蓄えた金を救済に使わねば、一生のうちに使うことはない――と、私財をなげうって避難民を全力で助けた。

この名主三人が協力し合い、困憊《こんぱい》した村人を救済、指導した。村という共同体の強い連帯意識が浮き彫りにされる出来事ではなかったか。誰も見捨てない——という三人の強固な意志は時空を飛んでかの聖書のモーゼを思わせる。

前例のない新しい家族構成案は、身内からはなかなか提案するのは難しい、と思う。他村の名主がモーゼとなり、残った鎌原村民に新しい村づくりの指導をしたのではなかったか。それは村人にとっても新しい「希望」であった。

田んぼの中に巨大な花崗岩が横たわっていた

鎌原（旧鎌原村）を歩いた。

鎌原は信州街道の要衝で宿場町だった。とはいっても、本陣や脇本陣のある五街道クラスの宿場ではない。信州街道は中山道の脇往還で、高崎と長野県の須坂とを結んでいた。

村のほとんどは農家で、高地のため稲作はできず、そばや粟《あわ》、稗《ひえ》を作っていた。現在のような高原野菜（キャベツやレタス）は明治以降のことである。

街道に沿って家々は振り割りされており、コスモス、ヒマワリなどの花々に囲まれて一戸建ての家々が立ち並び、道は緩やかなカーブを描き、縁には用水が流れている。道路わきには道祖神、火の見やぐらがあった。

「シロキヤ」の看板のある昭和懐古風の店は、〝酒・ライフショップ〟とあるが、すでに閉じている。「大阪屋」と屋号のある衣料店も閉じており、看板には「TEL　三原245」とあった。一体いつの頃のものだろう。街道は時が止まっているようだった。

道端の花壇のなかに石標があった。

「右　すかお、左　ぬまた」とある。すかお（須賀尾）は高崎方面、ぬまた（沼田）は袋倉、羽根尾、中之条を経て沼田へと続く。これは流出した観音堂の近くの延命寺にあった石標の欠片《かけら》で、下流二五キロの矢倉の河原で発見されたものを運んできたようだ。

稲田のなかに、大きな溶岩がゴロンとあった。

「ごじはん石」と名づけられており、土石なだれにより流れ着いた巨岩だ。農作業の合間、五時半に休んだのでその名がついたという。ちょいとあぜ道に入ると、あちこちでイナゴが跳ねる。無農薬、有機農法を証明するかのようだ。

九月中旬だが、秋たけなわという感じであった。

街道から奥まった鎌原神社の境内にはイチイ、スギ、ケヤキの巨木が残っていた。天明三年以前からあったものだろう。再建された神社は檜皮葺《ひわだぶ》きの屋根で、質素だが趣がある。

境内で村の人に話をきいた。移築中の「郷倉」で、現場監督をしている橋爪修さんといった。

橋爪さんは鎌原生まれの七二歳。地元の高校を出て自衛隊に入り、四年間で退職し、東京の測量専門学校で二年学んで故郷へ帰ってきた。

今も現役で、地元の測量会社で働く。

「村へ帰ってきて地図見たら、すごいなぁ！　と思いましたよ。街道に沿って短冊状に等しく土地を分けている。まるで測量されているみたいだ」

村人たちは一面の土石なだれに埋まった土地を整地し、道を造り、民家を並べた。すべて記憶によったのだが、まるで測量して再現されたようだ、と橋爪さんは驚いた、という。

「わたしら日ごと、ご先祖様の骨の上を歩いているんだよ」

土石なだれは村を覆った。旧村は現在の五メートル下に埋没している。

作家の立松和平さんは小説『浅間』を書いた。その主人公はこの村出身の「ゆい」という女性である。ゆいは貧しい家を支えるため一六歳で中山道板鼻《いたはな》宿（群馬県安中市）の飯盛女の仕事に出た。飯盛女とは単に客の食事サービスだけではなく、夜の床の世話もした。三年の年季が明けてゆいは故郷の鎌原村に帰ったが、その間、先輩で蚕屋を預かるまつに養蚕を学んだ。村に帰ったゆいは養蚕をはじめ、家族を養う。当時蚕糸《さんし》は現金になる貴重な技術だった。天明は江戸後期で、交通網はすでに完備しており、流通が盛んな時だった。食器の瀬戸物、食糧のコメは他県から購入していた。蚕糸や麻はこの地域の村の特産だった。ゆいは馬方の万次郎と結婚したが、被災で万次郎を失《な》くしたあと、やはり馬方の音七と祝言をあげた。村に残り、新しく編成された村人として残ったのだ。
著者の立松和平さんは、次のように話している。

希望は語らねばならない。絵空事ではなく、ひとつひとつ「生」を積み上げていって、登場人物が生きられるようにできる、それが文学の力だと思います。それは、われわれ自身の生きていく力にもなると思います。

――「天明の浅間山大噴火を小説にして」日本ペンクラブ、講演会スピーチより

江戸時代から今も続く「まわり念仏講」

延命寺跡は雑草が茂る空地のままだった。「14世紀、浅間大明神への信仰が高まる。延命寺は浅間大明神に付属する別当院として神宮寺や里宮の機能を果たし、住民の信仰を集めていた」と案内板にあった

ぐるりと鎌原を一周し、ふたたび観音堂へもどってきた。

参道にある「よこさわ土産店」を覗《のぞ》くと、店主の横沢洋子さん（七〇歳）は「前橋からこの村へ嫁にきたんだ」と言った。

養蚕のことをきいてみると「昔やっていたみたいだが、嫁に来た時はもうやっていなかったね」。養蚕はもう遠い時代の話のようである。

村は今勤め人がほとんどだという。役場に出たり、長野や高崎へ通ったりしているサラリーマンだ。

「村の特産はブルーベリー、はちみつかなぁ」

店先で売るカボチャ、トウモロコシ、トウガン、ユウガオ（大きなトウガン）、トマトは自分の畑でとれたものだ。

イナゴの佃煮もあった。「いまもいっぱいいる。邪魔になるほどだよ。捕まえたらペットボトルに入れるといいよ」と話し、捕らえ方を教えてくれた。

——そうか、イワナ釣りの餌に使うといいかも？

などと、よからぬことを思ったりした。

すでに幾星霜《いくせいそう》の月日が経っている。被災の村、鎌原は当然のことながら、表向きは地方ならどこにでもあるような新建材の村に変わっている。しかし、現在も村では「まわり念仏講」が続いている。まわり念仏講とは地区の婦人たちが週末多目的活動センターに集まり、犠牲者の俗名と戒名が書かれた掛け軸を掲げ、「浅間山噴火和讃」を詠うのだ。

隣村有志の情けにて　妻なき人の妻となり

主なき人の主となり　細き煙を営みて
泣く泣く月日は送れども　夜毎夜毎の泣き声は

まわり念仏は文化一二（一八一五）年、被災三三回忌から続いているという。被災の悲劇は永代村民により語り継がれている。

世にも稀な溶岩樹型

浅間山溶岩樹型を歩いた。

溶岩樹型は世界でも珍しい地学現象で、群馬県内では尾瀬などと並び国の特別天然記念物に指定されている。鎌原村から一〇キロほど離れた藤原地区にある。

溶岩樹型とは火砕流が樹林の中を流下する時、幹の根本を焼け焦がし、そのまま冷えて固まったが、その後幹がすっぽり抜けて井戸のような穴として残ったものだ。大きい樹型は直径三メートル以上、深さは五メートル以上にもなる。

森のなかにはそうした穴がいくつも空いている。なんとも不思議な風景だ。なかを覗くと、やはりここでもヒカリゴケが幻想的な雰囲気を作っていた。

鬼押出しの劇場的な「動的世界」と比べると、こちらはまるで異なった「静的世界」で、森の緑が眩《まばゆ》い。

噴火災害の村を離れて、野鳥のさえずりがどこか別世界を思わせる。

ブナ、カエデ、コナラなどここには広葉樹林の豊かさがある。二百年の星霜を経て、今、森はすっかり再生していた。

悲しみは長くは続かない。この溶岩樹型の森のように、必ず自然や人の心も再生する。

ここに立つと二百年という月日が昨日のことのように思われた。

国境平方面から下ってきた車窓から二度上駅を見下ろす。勾配を下ってホームに入り、スイッチバックで草津温泉方面へ向かった（草軽交通提供）

第七章

国境平――二度上――栗平

蟋蟀《こおろぎ》

二度上駅で発車を待つデキ19形けん引の新軽井沢行き混合列車。開く扉に柵がある有蓋貨車の"お客"は馬か牛らしい。ホーム上は切り出した木材でいっぱい＝昭和34年7月（羽片日出夫撮影）

廃止からすでに半世紀が経っていた

一一月の晴れ渡った秋の日だった。高い空にうろこ雲がなびいている。標高一〇〇〇メートルのここ浅間山麓はもはや初冬である。朝は零下にもなる冷えこみで森の樹々はすっかり葉を落とし、枯れ野には北風が吹きはじめている。

実はこの日を待っていた。

今回は国境平《こくきょうだいら》から二度上《にどあげ》まで廃線跡を歩く予定だが、夏は雑草が茂り、歩くのは困難だ。また林間なので見通しが悪く地図を眺めても路線跡がはっきりしない。そこで野草が枯れ、木々の葉が落ちるのを待っていたのだ。

草軽電鉄の廃線歩きの中でも、このエリアはハイライトである。そこで見落としのないよう案内してくれる人を探していた。

運良く助っ人として今回参加していただいたのは浅間山北麓ジオパーク運営委員長の宮崎光男さん、嬬恋村未来創造課長の佐藤幸光さんのお二人だ。宮崎さんは何度も廃線跡を歩かれており、現場は自分の庭のように分かっていらっしゃる。廃線歩きイベントの折には案内役として常時駆り出される人だ。佐藤さんは地図と写真による『草軽電鉄・全路線図』（市販の冊子）を企画制作したご当人である。このお二人がいれば鬼に金棒。たとえ熊が出ても、こちらは写真家の西森聡さんを加えて四人組だから、相手が恐れをなすに違いない。

前々章で到達した国境平の駅跡から歩きはじめた。

駅跡周辺はうっそうとした森だが、一歩離れると開けた丘陵が広がる。つつじが原と呼ばれる季節を彩る花の名所で、人気のあるハイキングコースだったところだ。残念ながら今はゴルフ場に一変している。周辺には三つのゴルフ場(太平洋クラブ軽井沢リゾート、プレジデントカントリー倶楽部軽井沢、軽井沢高原ゴルフ倶楽部)があり、その狭間を縫うように「草軽」の廃線跡は続いている。

樹々の葉は落ち、野草は枯れ、林間は素通しで明るい。この時期を待って正解だった。

国境平の駅跡から下ると、車道を越えて路線はまっすぐ北上する。今はプレジデントカントリー倶楽部軽井沢の敷地内となるので勝手に入れないが、幸運にして路線跡と並行して車道が走っていた。車道から注意して見ると、枯れ木の間に路線跡が細々《ほそぼそ》と続いているのが確認できた。

一キロほど進むと車道は別荘地の入り口で進入禁止となった。「北軽井沢つつじヶ原高原別荘地」の看板があるが、もはや廃村となり誰も住んでいないようだ。別荘内の道を少し進むと左手に小さな湖(溜め池のようでもある)が現れ別荘が点在している。しゃれた木造のキャビンだが、主《あるじ》を失った建物は、もはや朽ち果てるのを待つばかりだ。

湖から用水路があり、その脇を伝った。道なき道だ。枯れ草や踏み枝を払いながら進むと、左

国境平―二度上間の廃線跡を行く筆者ら。付近は60年以上も手つかずの状態で、倒木を乗り越えながら進む＝令和3年11月（西森聡撮影）

手に真っすぐな掘割のような地形が現れた。

「これが草軽の路線跡ですよ」

宮﨑さんが指さす向こうには、林間に伸びる山道が伸びている。

「草軽の路線の特徴ですね。山肌を削り取り、両側から盛り土をして中央に線路を置いています。よく見ると溝のようでしょ」

〝掘割様式〟とでもいうのだろうか。山肌に沿ってうねうねと続く。トンネルや鉄橋を造らず、経費を節減した工事のようだ。そういえば「草軽」の路線にはトンネルは一つも造られていない。

幅は二メートルほどだろうか。山の斜面の中腹を伝っており、下はゴルフ場だ。林間にグリーンが見え隠れする。「草軽」の現役時代にはゴルフ場などなかったはずだ。


この廃線跡の道なき道に立つと、まるでタイムマシンに乗ってきたような気分になった。林のこちら側（廃線跡）と向こう側（ゴルフ場）では六〇年の隔たりがある。

「草軽」の主要区間（新軽井沢―上州三原）が廃止となったのは昭和三五（一九六〇）年のことだ。その頃の日本は高度成長がはじまる時だった。私は名古屋の中学の二年生で、わが家に「三種の神器」（白黒テレビ、洗濯機、冷蔵庫）が整った頃だと記憶している。街頭では連日のように「安保反対」のデモ行進があり、坂本九の歌う『上を向いて歩こう』がヒットしていた。その頃、西部劇に夢中だった私は、場末の映画館に通っていた。

混乱の中で日米安保条約が調印され、戦後処理が終わったとばかり政府は「さあ、ゆくぞ！経済大国行きの夢の超特急に乗り遅れるな！」とばかり、経済活動を優先させた。日本人は明日の豊かさを信じて日夜一生懸命に働いた。

この時、大卒の初任給（公務員）は一万八〇〇〇円、かけそば三五円、コーヒー六〇円、ロードショー映画入場料一八〇円。わが家では肉屋から買ってきた五円のコロッケがご馳走《ちそう》だった。当時の「草軽」の一区間は一〇円、新軽井沢から二度上までが九〇円、草津温泉までの全線が二一〇円だった。「草軽」の最後はかような時代だった。日本はまだまだ貧しく、明日の糧すらおぼつかなった。

しかし、その時「草軽」の廃止は早すぎた、と思う。頑張って続けるべきだった。高度成長への坂を登りはじめ、レジャーブームが巻き起こる寸前に消えてしまったのだ。この時をしのげば、やがて訪れる観光ブームのなかで必ずや脚光を浴び、日本有数の山岳観光鉄道として今に残ったのではなかったか。

その後の日本経済の成長ぶりは知られる通りだ。その四年後には東京オリンピックが開催され、それに合わせて東海道新幹線が開業。一〇年後の一九七〇年、大阪万国博覧会は高度成長の完成といわれ、その前年日本の国民総生産（GNP）は西ドイツを抜いて世界二位に躍り出た。

廃止の直接原因は国鉄長野原線（現在の吾妻線《あがつま》）開通による乗客の減少、相次ぐ台風による沿線の被害（詳しくは後述する）だったが、今少し遠くを見る余裕が欲しかった。時の経営者の判断は「時勢に適せざる鉄道の一言に尽きる」だったというが、だからこそ今ならばスローでエコな「草軽」が見直されたはずである。

ゴルフ場からは時々カートの音が聞こえるが、私たちは半世紀前の旅を検証していた。

カラマツの樹影が美しい

廃線跡はゆるやかに続いていた。

ところどころ倒木が道を塞いでいるものの快適な道で、まるで森の散歩道のようである。

左手の林の向こうは旧別荘地、右手はゴルフ場。鳥の声はないが、カサコソと踏む枯葉のふんわりした感触が気持ちいい。ドングリ、カシワ、ミズナラ……、栗のイガがそこここに落ちていた。

宮崎さんのリュックにつけた鈴音だけが大きく響く。熊除けだ。

「遠くに熊の姿が見えることもありますよ。でもここは見通しがいいので、向こうが気付いて先に逃げてゆきます」

熊の名所である。害獣駆除で捕えられた子熊は、この周辺に放される。人家がまったくなく、被害の恐れがないからだ。そう思えば、今私たちは〝熊の巣〟を歩いているようなものである。

風が冷たい。時々止まって耳を澄ます。風の音がして、木のこすれる音がする。

一帯はカラマツ林だ。葉を落とした樹林に陽光が降り注ぐ。枝の影が伸びて、森は陰影が濃い。

絵になる風景だ。ふだんは気にかけないが、こうして立ち止って眺めると枯山もなかなか奥行きのある風情だ。

枯木に白い花が咲いていた。つるの花弁で種が飛んだ後に残っている。冬に咲く花のようだ。足元の絨毯のようなコケが宝石のように輝く。胞子が光っているのだ。

拾い物もあった。「草軽」の通信ケーブルの破片と碍子《がいし》。道路わきにはバラストも残っており、みやげの代わりにポケットに忍ばせた。

地図を見ると、途中沢が二つ流れており、路線は沢を越しているが、橋梁や橋台はなかった。路線は谷筋に食い込むが、これまでと同じようにくねくねと細かく蛇行している。国境平が最高地だから、このあたりは下降しながら列車はギイギイと車体を軋ませながら小さなカーブを重ねたことだろう。

かすかに水の音が聞こえた。相生《あいおい》の滝である。

熊川の最上流で滝は何条にもなって流れ落ちている。熊川は浅間大滝へ流れ、群馬大津駅の西側で吾妻川と合流する。

「道場が二度上にあって、信者がこの滝で修業したようです。当時は木がなかったから列車から滝が見えたはずですよ」

宮崎さんが説明してくれる。

右手に鼻曲《はなまがり》山（一六五四メートル）、左手が浅間隠山（一七五七メートル）。二つの峰が遠望できた。

その奥には霧積温泉があるはずだ。

二度上はスイッチバック故《ゆえ》の駅名だろうか

「ここが二度上の駅跡です」

宮﨑さんが言う。旧別荘地から山道をゆっくり歩いて一時間三〇分ほど。「草軽」はこの間、約二キロ、所要時間八分、運賃九〇円だった。やはり歩くよりはかなり早い。

駅跡といわれても何も残っていない。山の斜面がそこだけ平らに広がり、宮﨑さんの説明がなければ通り過ぎてしまっただろう。

二度上はスイッチバック駅だった。ここから急勾配になるので線路の勾配を緩和するためにスイッチバックが造られた。軽井沢方面からきた列車は一旦引上線に進入後、バック運転でホームに入った。発車の時は、機関車を先頭に渡り線を経て草津方面へ向かった。列車を上げるのに二度手間がかかったというわけだ。

ホームは対向式で駅舎は上りホーム側にあり、木造平屋建てだった。

確かに山の斜面がそこだけわずかに二段になっている。当時の写真を見ると、周囲は明るく開けており、緩やかな斜面が見通せるが、今は樹木が成長して、うっそうとした森の中だ。

シシ（猪）除けの柵の下はゴルフ場だ。時々グリーンでプレイする人の声が聞こえる。

二度上は時刻表には載っているが、客扱いが主体の駅ではなかった。国境平には水がないので、蒸気機関車の頃はここに給水塔があり水の補給をした。電気機関車になってからはこの駅で列車交換をしたようだ。

宮崎さんによれば七、八年前まで駅の建物が残っていたようだが、今は空き地だ。枯れ草のなかに駅舎の屋根の木片、ガラクタを見つけた。男子トイレのコンクリートの残骸も残っていた。写真集を見ると、路線跡の石垣があったようだが、それも今は草木に埋もれている。

見上げると、対面の浅間隠山の中腹に倉渕（旧倉渕村、現在の高崎市）へと通じる車道を走るクルマが見えた。主要地方道（県道）54号長野原倉渕線だ。こちらにも二度上峠（一三九〇メートル）という名があり、古くからの街道である。ものの本によると「草軽」の二度上駅はスイッチバック故の命名と書かれているが、実は街道の方に、先にその名があったのかもしれない。

ちょうどお昼時になり、私たちは弁当を広げた。日は暖かく遠足日和である。コンビニで仕入れたおにぎりが結構おいしい。ふだんは忙しい佐藤課長もこの時ばかりは鉄道少年の童子に戻ったようでにこやかだ。

食後、宮崎さんが『ことぶきのむかしがたり』（嬬恋村ことぶき学級刊・昭和五四年発行）という郷土本を朗読してくれた。『ものずきな外人の話』という題名だ。

昭和十二年頃の事であります。旧軽井沢のアンドリスと云《い》う外人が、軽井沢より一個列車貸切にて朝七時半国境平迄《まで》で満員にて下車。そこに長日向の村人も合併し、駅の沢山にて全員一間おきのかんかくにて野兎《のうさぎ》狩りを始めたのです。アンドリス一家と外に三・四人が丘の上に待ちかまえてにげて来る兎を打ちとるのです。

夕方四時頃みんなが兎鳥などもちより私が立ってもまだ深い程の袋に入れたのですが、客車に積込むのに四・五人でやっと運ぶのでした。此の時にはじめてチョコレートと云う物を食べたので思い出となって居ります。今年で二度目だそうです。

此の肉を一年中食べるのだそうです。ものずきな外人です。

芦生田《あしうだ》（草軽国境平駅勤務）　相馬茂樹

いかにものんびりと走る「草軽」に相応《ふさわ》しいエピソードだ。ウサギ肉はフランス人の好物で、市場で吊るされ売られていたりするので、このアンドリスはフランス人だったかもしれない。家族やお仲間たちと「草軽」を貸し切ってやってきたのだろう。広い青空の下、つつじが原の丘陵でウサギを追いかける外人や地元少年たちの姿が彷彿《ほうふつ》とする。戦前の古き、良き時代の幻のようなできごとである。

機関車に乗せられて砂を撒《ま》いたこともあった

二度上には、民家が四軒あったという。

その一軒に住んでいた愛敬《あいきょう》和雄さん（七二歳）に会うことができた。

愛敬さんは昭和二四（一九四九）年生まれ、一二歳まで二度上に暮らした。肩幅が広く、恰幅《かっぷく》のいい、矍鑠《かくしゃく》たる紳士である。北軽井沢の中心地から少し離れたイギリスのカントリーハウスのような、お洒落な邸宅に住んでいる。

「明治の末頃、祖父が一万五〇〇〇坪ほどの山林を購入したんです。『草軽』が来る前のことで、開業時には祖父は軌道のための用地を寄付したようです。父親の代になってここで林業をはじめ、薪《まき》と炭の職人を倉渕村から呼んだんですね。二度上は我が家と職人の家、合わせて四軒だけの集落でしたね」

薪と炭は戦前から日本のエネルギー源として重要だった。暖房機器のない時代、薪や炭は家庭の必需品で都市での需要は高かった。「草軽」は硫黄の運搬が目的の一つだったが、一方で森林鉄道の役目も果たしていた。木材を積む目的で設けられた駅（吾妻駅など）もあったのだ。

周囲は無人の山林である。

「電気も水道もないさね。水は井戸水を使い、風呂は五右衛門風呂。プロパンなんてものはないから明かりはランプだけ。冷蔵庫もないから味噌、醤油は四斗樽（七二リットル）で貯蔵していましたよ」

当然ながらスーパーなどは付近にない。

家の前に湧水があり、魚は渓流で釣るニジマスが主だった。あとタンパク源は野ウサギだった。

「夕方罠《わな》を仕掛けておいて夜明け前にとりにゆくんです。陽が出た後ではイタチ、テン、キツネに食べられてしまう。野菜は野生のイタドリ。だから今でも歯茎がしっかりしてるんだよ」

愛敬さんは当時を思い出して白い歯を見せた。

炭俵を背負う仕事もあった。中学生の頃の毎日曜日、浅間隠山中腹の炭窯から長野原に続く道路まで一二回往復した。

「一俵の重さは一五キロ、二俵担いで一二往復すると六〇〇円もらえたね。アイスクリームが一〇円の頃だから、小遣いは親からもらわなかった」

健脚、豪傑だった。クラスでも親分肌だったに違いない。

「草軽」の思い出を訊《たず》ねてみた。

「『草軽』が唯一の下界との接点だった。栗平《くりだいら》にあった小学校へは朝一番の下り列車に乗りました。軽井沢から通っていた佐藤さんという助役がいて、『駅の鍵預けるから、ストーブ焚《た》いておいてくれ』と頼まれ、毎朝駅を開けてストーブを焚きに行ったんだ。ある時駅にランドセルを置きっぱなしで学校へ行ってしまい、先生に相談したら、郵便局に頼んでくれた。ところがランドセルが着いたのは午後二時過ぎ。授業は終わっており、その日は教科書、文具なしで終わった、ということもあったさ」

秋は蟋蟀《コオロギ》がなぜか線路に集まってくる。それが轢《ひ》かれると脂が出て、車輪がスリップし、列車は坂道を登れなくなった。「機関車の先頭に乗せられて、砂が入った一斗缶（一八リットル）を両手でぶらさげて列車から撒《ま》いたこともあったな」

「草軽」では脱線は日常茶飯事だった。乗客たちは路辺の枕木を使って機関車を持ち上げた。

「運転士と車掌が『三、二、一と言ったら皆さんで』と言って、皆でやるんだ。三〇分くらいかかったかな。冬はラッセル。みんなで雪かきしたが、客から文句は出ない。当たり前という感じだったね。『皆さん降りてください』と言われると、『またはじまったか』という感じだった」

時はめぐる。愛敬さんの話は積年の観があった。

栗平駅は共同住宅となっていた

二度上駅の先、栗平方面への道は谷筋の断崖が崩れたままで歩くことはできない。

列車はゆるやかなカーブを右に左にとりながら栗平に降下、三つの鉄橋を越えて、林間の道を走ってゆく。二度上―栗平の区間の廃線跡は併走する県道54号から眺めるしかない。山肌を縫う林間の道で、道路から石垣や橋台跡が見つけられるが、廃線跡は林間にところどころか細く残っているだけだ。

栗平駅は今は民家（共同住宅）となり、北軽井沢への途中には夏季の臨時駅「湯沢停留所」があったが、ここもすでにない。

かつて駅は栗平の集落からはずれ、周辺は笹山で見通しはよく、二度上方面には鷹繋《たかつなぎ》山が聳《そび》えていた。三國連太郎の映画デビュー作『善魔』（昭和二六、木下惠介監督、淡島千景・千田是也主演）にこの駅が登場するという。

二度上―栗平間の周辺で見てほしいところがある。浅間大滝と栗平浅間神社だ。

浅間大滝は二度上の相生の滝から流れる熊川の下流で、高さ一〇メートル、幅四メートルと浅間高原一帯では最大の滝だ。紅葉もいいが、底冷えの冬もいい。駐車場から遊歩道

二度上―栗平間にある栗平浅間神社の入り口。手前の道が「草軽」の廃線跡＝令和3年11月（西森聡撮影）

があるので、散歩がてらに好適だ。黒褐色の岩、白い飛沫《しぶき》のコントラストが美しく、日が差し込むと幻想的な光芒《こうぼう》も見られる。

栗平浅間神社は起源が不詳だが、小高い山の中腹にあり、周囲はカラマツの林で、森閑としたなかに荘厳な拝殿が建つ。コケのはえた自然石の石段の雰囲気がよく、神木のイチイの巨木に圧倒される。ちょうど参道の入り口付近が「草軽」の廃線跡で、くっきりと残り、森の霊気を感じながら、今はなき「草軽」に思いを馳《は》せるにはいいスポットかもしれない。

第八章

北軽井沢

霊峰《れいほう》

寺院風、入母屋造りの北軽井沢駅(西側より)。近くに開村した別荘地「法政大学村」が駅舎を新築して「草軽」に寄付した。入り口の欄間には法政の頭文字「H」がデザインされている。現存する登録有形文化財＝令和3年10月（筆者撮影）

大学村から生まれた北軽井沢駅

「草軽」は多くの人たちに愛された。地元の住民、学童らはもちろんだが、とりわけ首都圏から夏季軽井沢にやってきた別荘族にも人気があった。

北軽井沢には法政大学関連の別荘村がある。静かな森に囲まれており、旧軽井沢とは一味違った趣がある。

劇作家・岸田國士《くにお》の娘で、女優の岸田今日子さんの姉・岸田衿子《えりこ》さん（詩人、童話作家）もゆかりの一人で、次のようなエッセイを書いている。

昨年の3月まで、私の住んでいる北軽井沢には、汽車の軽井沢から草津を結ぶ、かぶと虫のような、のろい電車が通っていました。それは、夏北軽にくる人の他は草津へ行く客が主で、季節はずれには、乗客が4、5人ということも、珍しくありませんでした。夏は雷のために、しばしば停電、冬は積雪のため、1日1度は脱線するという記録をもつ電車でしたが、のろのろと上信国境を越える頃から、浅間の向こうに、四阿山《あずまや》、万座、白根が、思い切り裾をひろげて連なり、いつ見ても胸がすっとする景色でした。この電車の揺れること、のろいことに不平をいいながらも、窓から必死でシャッターを切っている人もありました。そして、これらの山々は、草津に着くまでの間、2時間余りも、少しづつ変容しながら、見えているのです。

この電車に乗って草津まで行ったことは、3、4回ありますが、温泉にはまだ入ったことがありません。沿線の景色に惹《ひ》かれていたことと、映画を見に行く目的のためです。（北軽には映画館がないので）。湯畑の近くの映画館で、妹（岸田今日子＝筆者注）の出ている『恐喝』という、恐ろしい映画を見ました。

今では、三原―草津間だけ電車が通っていますが、バスの苦手な私には、何としてもあの電車が無くなったのが、残念でたまりません。冬は、駅から温泉場までの道が凍っているというのに、湯畑からうすい黄い硫黄泉の湯気が、もうもうと溢《あふ》れ出して、街中が烟《けむ》って見える感じでした。

――草津名店会発行冊子『六里ヶ原を越えて』（昭和三六年）より

北軽井沢を有名にしたのは法政大学だった。

駅近くにある「法政大学村」は大正九（一九二〇）年、当時の松室致《まつむろいたす》学長が二七三ヘクタール（約八〇万坪）という広大な山林を草津軽便鉄道（当時）より取得し、この地を法政大学の理想的な野外教育の場として、教職員や学生らの共同生活を営む「村」づくりを提案したことからはじまる。松室学長の声に賛同した教職員らが集まり、昭和三（一九二八）年、四〇軒の山荘が建った。

「法政大学村」の誕生である。一区画五〇〇坪、当時の分譲地代は坪一円（現在の六〇〇円ほど）だったという。電気が入ったのは昭和四年、水道は翌年からだったというから、開村当時は未文明生活を体験する野外生活教室だったようだ。

　管理運営は自治組織を基本として「村会制」をとり、初代村長には松室学長が就任した。その後縁あって岩波茂雄（岩波書店創業者）が来村。一目見て気に入って村民となり、周辺の文化人に声をかけたため、さらに多くの学者や芸術家が参加した。

　哲学者の安倍能成《よししげ》、作家の野上弥栄子、大江健三郎、歴史学者の津田左右吉《そうきち》、詩人の谷川俊太郎、岸田國士、岸田今日子……など枚挙にいとまがない。

　当時の文化人は大正デモクラシーの影響を

北軽井沢駅舎や復元された木製「カプトムシ」機関車を撮影する筆者。ホームには駅名標も立つ＝令和２年８月（西森聡撮影）

受けており、自由なアカデミズム、清涼な自然環境、新しい文化生活を求める人が多かった。人里離れた静かな山林の中で、学究に励み、あるいは文芸活動に取り組みたいという当時の文化人の理想主義的な精神の有り様が分かるような気がする。学習院ＯＢがはじめた〝白樺派文化運動〟の影響もあったか、と思う。

大学村は当時を知るゆかりの人はもうほとんどいないが、面影だけは残っている。原始の面影を残す深い森蔭に西洋風のしっとりとした山荘が点在している。村内に舗装道路は一本しかなく、支線となる各別荘への道は今も未舗装である。

午前中には他家を訪問しない、午前中と午後10時以降の会合、宴会、演奏は差し控える、といった不文律が今も受け継がれている。

大学村の最寄り駅となる北軽井沢駅は大正七（一九一八）年に開業した。開業当初は「地蔵《じぞう》川《がわ》」停車場と呼ばれていたが、ここに法政大学村が開村した折、大学村が駅を新築して草軽電鉄に寄付し、北軽井沢駅と改称した。もともとこの地域は地蔵川と呼ばれていたが、以来北軽井沢という地域名称が定着した。

北軽井沢駅は「草軽」の象徴ともいうべき建物で、現存する貴重な存在だ。

木造平屋建て、入り母屋造り、屋根は赤茶色のトタン葺《ぶ》きで長野の善光寺をモデルにしたという寺院ふうの屋根をもち、外壁は白漆喰《しっくい》塗り、窓は格子状の洋風窓で、和洋折衷の斬新なデザインだ。国の登録有形文化財の指定を受けている。

正面玄関の欄間には「H」の白いイニシャルがデザインされ、法政大学の存在を示している。

北軽井沢周辺は土産物屋、薬屋、カフェ、ホテルなどが雑居するひなびた商店街だが、その一角に忽然《こつぜん》と寺院風の北軽井沢駅が建っている。はじめての訪問者は「なぜこんな建物が」と、驚くことだろう。駅の旧ホームには「草軽」のシンボルだったカブトムシの実物大模型（木製）が置かれ、駅前には創立村長だった松室致の功績を讃えた記念碑が立っている。ちなみに松室致はかの大逆事件の折、幸徳秋水らを死刑判決に導いた検事総長だった人だ。

北軽井沢駅は新軽井沢—草津温泉間でもっとも乗降客が多い駅だった。最盛期は昭和二一（一九四六）年の四六万人だったが、想像するに大半は北軽井沢の別荘関係、夏のつつじが原のキャンパーだっただろう。

日本初の総天然色映画『カルメン故郷に帰る』（昭和二六年、松竹）にも北軽井沢駅は登場している。天才といわれた木下惠介監督が、当時国民的女優といわれた高峰秀子を迎えて製作した映画で、東京でストリッパーをしているハイカラ娘が友だちを連れて北軽井沢に里帰りし、過疎の村で〝裸踊り〟の公演をするというドタバタがかったコメディーだ（この映画については後述したい）。ロケはすべて北軽周辺で行われ、背景にもくもくと白煙をたなびかせる浅間山が印象的だった。

「草軽」は児童の楽しい遠足でも利用された。

大正一三（一九二四）年の六合村《くに》（現在の中之条町）の尋常高等小学校の遠足の貴重な記録が見つかったので、紹介しておこう。

夜の一二時に起きて支度をして友達と一しょに一時半頃出発しました。提灯つけたり、ろうそくをともしたりして長野原につきました。依田先生のお宅で一時間も本校の生徒を待合せている所へ、黒岩先生がおいでになって、もう小雨（注＝地名）の生徒は近廻りしたといふので大急ぎで出かけました。まだ羽根尾（注＝地名）へ行っても、今井（注＝地名）を通る時にも電気がついていました。

軽便につく頃にはもうすっかり明るくなりました。すこし休んでからいよいよ汽車に乗り込みました。はじめは面白くてすこしも酔いはなかったけれども、だんだん気持ちがへんになって来て、まるで山が向こうへ飛んで行く様でたまりません。とうとう苦しくなってしまいました。

鶴溜で汽車を降りて、少しばかり歩いて大きな本線に乗りました。本線は大そう楽でした。長野につき少し休んでまた乗りました。直江津へついたらうすぐらくなりましたが、海を見に行きました。海は見とほせない程広々としたものでした。

——篠原すい『月夜の海』（六合尋常高等小学校 文芸部編）より

大正時代、六合村からの遠足は海を見に直江津まで行ったようだ。それにしても六合村から「草軽」の北軽井沢駅まで約二六キロを歩くのは大変だったろう。おまけに乗った「草軽」は小さなカーブの連続だったから、残念ながら児童には景色を楽しむ余裕はなかったようである。

スナック「霊峰」繁盛記

「草軽」が新軽井沢から吾妻《あがつま》まで路線が延びたのは大正六（一九一七）年のこと。地蔵川駅（のちの北軽井沢駅）が開業したのは翌年のことだった。さらに草津温泉までの全線五五・五キロの開通は大正一五（一九二六）年。以降、昭和三七（一九六二）年の廃止まで「草軽」は半世紀を走り続けた。

しかし、廃止のあと、駅はどうなったのだろうか?

放置され、年を経るごとに老朽化が進み、みすぼらしくなってゆく駅舎の姿に耐えかねて立ち上がった人がいた。

元駅員だった黒岩謙さん（八七歳）だった。

黒岩さんは昭和四七（一九七二）年から平成一三（二〇〇一）年までの三九年間、駅舎を復元させ、スナック、喫茶店として再活用した。

駅近くにお住まいになる黒岩さんを訪ねた。いささか年齢は隠せないが、中肉中背、ジャケットを着こなし背筋は真っすぐ伸びている。インタビューの緊張感は隠せなかったが、目元は優しく、微笑《ほほえ》んでいた。

「当時は駅舎の中は物置になっていてね、段ボールや資材が捨ててあった。そのままでは腐ってしまうし、そうなれば駅も壊すことになるだろう、と危惧を感じたんですよ」

黒岩さんは「駅舎を生き延びさせる」ということがおのれに与えられた宿命か、と覚悟した。駅は自分の青春時代の思い出の場所だ。駅がなくなると自分のアイデンティティーが喪失する――。駅を心から愛していたのだ。「やるよ」と言ったら、妻は何も言わなかった。

「草軽の本社へ出向き、借り受けることを承諾してもらった。皆が集まれるようなスナック、喫茶店にしようと思ったんだ。改装は自費。当時で五〇〇万円もかかった。夜逃げする気分だったよ」

スナック「霊峰」は夫婦の二人三脚で運営した。黒岩さんがマスター、奥さんがママになった。霊峰とはもちろん、浅間山のことである。

カウンター、テーブル席を作り、壁には黒岩さんが撮った「草軽」の写真をパネルにして飾った。お客は地元の人たちが多く利用し、別荘族はあまり来なかった。

「もうかったというほどにはゆかなかったが、そこそこやってゆけるってとこだったかな」

黒岩さんの後、長野原町が草軽交通から駅舎を譲り受け、その歴史を後世に伝えるため改修工事を施し、現在の形となって保存された。

黒岩謙さんは昭和九（一九三四）年、仙台に生まれた。六人兄弟のうちの長男で、父親が嬬恋村の出身だった。昭和一九年、仙台空襲で焼け出され、家族ともに故郷へと帰った。

一八歳で草軽電気鉄道に入社。北軽井沢の「駅夫」となった。当時は駅夫、助役、駅長の階級制があった。

駅夫の仕事は客車・貨車の入れ換え、客車の掃除、ランプのホヤ磨きなどだ。

「朝は六時三〇分に出社、夜は終電前の六時過ぎまで。一二時間労働だったね。よく働いたもんだ」

北軽は乗降客の多い駅で「草軽」の中心駅だ。他の駅より人員は多く、駅長と助役三人。駅夫は四人いた。黒岩さんは一番若かったので、出札、改札、荷物扱い便所掃除など全部こなした。

ダイヤは一日一二本（上下六本ずつ）。その合間に貨物がある。貨物は硫黄と木材を運んでいた。木材は枝を切った薪《まき》だった。薪が束ねられて無蓋《むがい》貨車に山積みになっている。薪を運ぶための貨物列車は三両編成の時もあった。

客車は通常二両。三両連ねるときはもう一両カブトムシが補機についた。

乗客は別荘族とキャンパーで、夏にはどの客車も満員だった。「草軽」の客車は定員が四〇、五〇人ほどである。冬にも照月湖《しょうげつこ》のスケート客があった。照月湖は奥日光よりも早く凍り、レジャー時代の花形スケートリンクだった。

意外なことだが、新軽井沢から草津温泉へと通しで乗る客はあまりいなかったという。逆に草津温泉から新軽井沢の客も少ない。「草軽」は二大観光地を結んでいたが、メインはやはり地元民だった。

「運転士、車掌、保線、電気と全員知り合いだったね。技術系は別だが、役職は車掌、助役、駅長、管理職の順で出世するが、自分は万年駅夫だった。女性車掌もいたというが、戦中のことでおれは知らない」

足かけ九年間、北軽井沢駅で働いた。

「二七歳の時だったな。忘れもしない昭和三五年四月、新軽井沢―上州三原間が廃止になった。その時会社は東急系列だったから、同僚たちは他の路線に異動したんだが、おれはここに残りたくて退社したんだ」

黒岩さんに失敗談を訊《き》いてみた。

「そうさな、客車を壊したこともあったよ。客車を機関車から離したんだが、ブレーキが利かなくて、そのまま待機客車にぶつけて破損させてしまったよ」

駅夫は何でも屋だった。客車と機関車の付け替えも仕事のうちだった。

「機関車を運転して走ったこともあったな」

北軽井沢―吾妻間のことだった。保線員が枕木の交換中だった。保線員が「もっていっていいです」と言うんで、機関車を運転して材木を載せて運んだと、黒岩さんは懐かしげに思い出を語る。

冬、駅は零下の寒さになる。暖をとらねば仕事ができない。木材は薪にしてストーブで燃やした。

別荘の人たちと顔見知りになったのも楽しい思い出だった。荷物扱いもするから毎年やってくる避暑客と顔なじみになる。「来年もまた来るからね！」と、若い女性が手を振って別れを告げる。都会の香りが一瞬漂い、そして泡沫のように去ってゆく。「草軽」は黒岩さんにとって、青春の忘れがたい思い出だったのだ。

必見の北軽井沢ふるさと館

駅前に開ける広い駐車場の一角にあるのが北軽井沢ふるさと館（北軽井沢観光協会）だ。ホームの延長上、実際の廃線跡に建てられたカマボコ状の平屋で、よく眺めると「草軽」の客車の形をしている。遠くから眺めるとあたかも「草軽」の客車がそのまま置かれてあるかのようだ。

館内には「草軽」関連の展示物や模型、資料が展示されているから、鉄道ファンには必見のスポットだ。廃線跡沿線を詳細にガイドしている『草軽電鉄全路線図』はぜひ購入したいところだ。

事務の秋南《あきみなみ》澄江さん（六四歳）は明るく元気、気さくな女性で当地の人気者だ。

「私、函館生まれなんです」ときいてびっくりしたが、もともとご両親はこちらの人のようで、結婚してから北軽井沢に戻ってきた。

北軽井沢駅の跡には木製の「カブトムシ」実物大模型も展示されている。右手奥には草軽の客車を模した北軽井沢ふるさと館の建物がある＝令和２年10月（西森聡撮影）

「ひとり職場で、務めて八年になります」とは、いいながら結構楽しそうだ。地域と人をつなぐ交流の場所で、地元の人や別荘族、地域の子供たちなどの相談に乗っている。別荘族には「水道どこに頼むの」とか「ゴミはどこに捨てるの」などの質問に答え、旅行者には観光、宿泊、飲食の案内をしている。

「高原まつり（花見）」（八月）、「雪原炎のまつり」（二月）などの行事、浅間高原雪合戦、北軽井沢マラソンなどのイベントも秋南さんらが仕掛けている。

「写真展をやりたい、という方がいて、実際駅をギャラリーに仕立てたこともあります」

平成二九（二〇一七）年九月に開催した「草軽高原を往く」（小林隆則さん企画・構成）で、昭和三五（一九六〇）年当時の北軽井沢駅、草軽電鉄、沿線の風物を撮った写真を駅舎内で公開した。写真はこの地に通った鉄道ファンらに撮られたものだった。そのパンフレットは今も協会の片隅に大切に保存されている。秋南さんの心の温かさが伝わるようだった。

廃線跡歩きを楽しまれる方はぜひここで一休みしていただきたい。

長野原町の風雲児

軽井沢は長野県だが、北軽井沢の所在は群馬県長野原町である。

長野原町とはいかなる土地なのだろうか、気になるところだ。

長野原と聞けばJR吾妻線の長野原草津口駅を思い浮かべる人が多いだろう。草津温泉の玄関口となる駅だ。

ところが長野原町は広大である。群馬県の北西部にあり、面積一三四平方キロ、人口五五〇〇。浅間牧場、川原湯温泉、吾妻渓谷、八ツ場《やんば》ダムなど、多くの観光地を抱えている。

長野原町の萩原睦男町長（五一歳）に会った。

「ぼくは以前NPO法人『草軽電鉄物語』の事務局長を務めていたんですよ」

えっ！と驚いた。そんな名の非営利事業団体があるなど知るよしもない。

NPO法人草軽電鉄物語は二〇一三年に設立。創始者は萩原渉さん（建築家、草津カントリークラブ社長）で、かつて愛された「草軽」の歴史を学び、「草軽」が繋《つな》いだ軽井沢町、長野原町、嬬恋村、草津町の沿線地区の活性化を促すためにエコツーリズムを企画・運営し、地域を盛り上げてゆこう、という目的だった。

「法人が設立するまで私が事務局長を務めていました。軽井沢―草津間の駅伝大会などを企画・提案しましたよ」

奇遇であった。

のちにネットで検索してみたら、残念ながらNPO法人は今は活動を休止している。

長野原町の概要を訊ねると、

「広い面積ですが、同じ町内でも標高差が七〇〇メートルあるんです。町役場の標高は六〇〇メートル、一方北軽井沢の最高地は一三〇〇メートルもあります。別々の二つの町が同居しているようで、双方に〝温度差〟があるんです。北軽の人は『八ッ場ダムのおかげで新しい家や道路ができていいなあ』と他人事《ひとごと》みたいに言う。こちらの人は北軽は別荘や牧場があっていいなあ、と憧れをもつ。同じ町でも両者はなかなかつながらないんですよ」

かつては〝上の段〟〝下の段〟と地域を分ける言葉があり、感覚の差異があったようだ。

「両者をつないだのは、実は私なのです。はじめて両者の話し合いができたんです。ぼくはどちらも知っていたから、お互いに腹を割って話ができたんですね」

地域と地域をつなげる、人を育てるが町長の目標だった。将来のリーダーを育てるため、そのサポートをするのが自分の役割だと主張して町長選に勝利した。

主要産業は観光、酪農、農業だ。とくに酪農は本州のトップクラスで、浅間高原開拓時代からの歴史がある。浅間高原は標高が高く、火山灰地のため開墾した土地の稲作は諦めざるを得なかった。そこで牧草だけは育つことから酪農へと転換した。明治時代から開拓民が取り組み、やっと実を結んだ産業だ。

「酪農は今、全国的に落ち目なんですよ。でも長野原は若い世代の後継者が育っている。今にきっと〝お宝〟になりますよ」

世はこぞってSDGs（Sustainable Development Goals＝持続可能な開発目標）の時代だ。

大量生産、大量消費は終わっている。無駄を避け、持続、自給する力が地方には問われている。高原野菜と牛乳の第一次産業が根底にあれば、と町長の眼は輝く。

八年前、四二歳で出馬して当選。現在、二期八年目になる。群馬県内の三六町村の首長のなかで一番若い。

経歴も尋常ではない。

家は郵便局で、小・中学校は地元。高校は渋川へ。大学は上京し明治大学へ。

大学時代はボクシングに熱中し、海外へ出て放浪した。

「二〇万円を手にして、ニュージーランドへゆきました。現地では日本人旅行者を相手に観光ガイドをやりました。当時の日本人はお金持ちで、チップで儲《もう》けましたね」

その後オーストラリアを周遊してフィジーへ。フィジーでは現地ドライバーと仲良くなり観光ワゴンタクシーを共同運営した。もって出たお金はそのまま残して帰国した。

ニュージーランドのクイーンズタウンがヒントになった。かつては鉱山景気で賑《にぎ》わった町だったが、廃坑以来衰退した。ところが町の近くにあるワカティプ湖がアウトドアスポーツの中心地となり観光拠点として蘇《よみがえ》った。「八ッ場ダムと似ていると思うんです。八ッ場ダム湖をアウトドアスポーツのブランドにして発信してゆこう」と、思い立ち、カヌーを自費で購入し湖に浮かべた。

バンジージャンプが転機になった。ＪＲグループと地元による群馬デスティネーションキャンペーン（令和二年）の時、当時日本一の高所（一〇六メートル）から自ら跳んでみせた。「もっと前へ」

のキャッチコピーで自らポスターのモデルになった。有言実行の人、風雲児かもしれない。

「軽井沢は年間宿泊者が八〇〇〇万人、草津は三〇〇〇万人。八ッ場ダムの「道の駅」は年間一〇〇〇万人が利用しています。北軽はポテンシャルが高く安定しているから、八ッ場と浅間高原をつなげば日本有数の観光地になります」

そのコンテンツとして、観光基地をつなぐ「草軽電気鉄道」があったのだ。

第九章
北軽井沢——嬬恋

満蒙《まんもう》

開けた場所にあった、一面雪の中の吾妻駅に停まる混合列車。蒸気機関車時代の2年間は終着駅でもあった。電化の時に小さな変電所も設けられた＝昭和33年12月（村多正撮影）

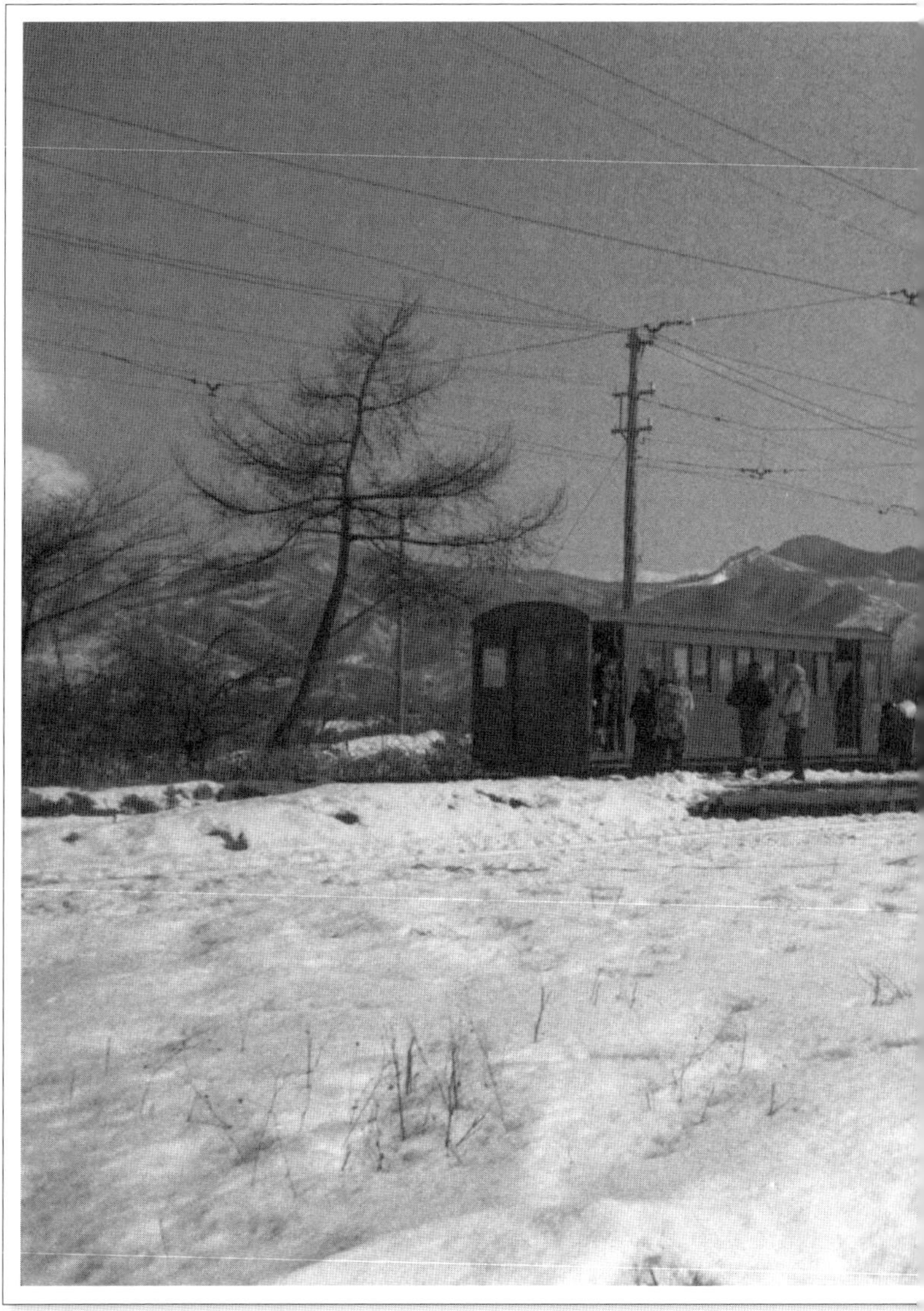

満蒙開拓団の碑があった

北軽井沢ふるさと館前から出発した。

今回も浅間山北麓ジオパーク運営委員長の宮崎光男さん、嬬恋村未来創造課の佐藤幸光さんに案内をお願いした。北軽井沢から嬬恋駅までの沿線を辿《たど》ろうと思っているのだが、途中に吾妻《あがつま》、小代《こよ》の二つの駅があり、この区間「草軽」は紆曲《うきょく》しているから地図からではなかなか路線跡は判断は難しい。お二人に案内いただければこの上なく安心である。

さて、北軽井沢ふるさと館から西へ、廃線跡は倉庫の裏をそのまま延びていた。すぐに国道146号（日本ロマンチック街道）となるが、路線は国道を越え林間へ分け入る。国道の端に立って眺めると、立木のなかに土盛りの築堤跡が確かめられた。

路線は林の中を地蔵川沿いにうねうねと走り、ふたたび国道146号へと戻ってくる。国道を跨いで（かつては踏切があった）、今度は畑の脇の小道を北へと大きくカーブする。短いながらも結構複雑なルートを辿っている。

畑の脇に続く廃線跡を辿る。右手にはキャベツ畑が土色の大地となって広がっている。

時は四月初旬、陽光に遅い春の訪れを感じるが、空気は冷たく畑は土色で、林の樹々は冬枯れのままである。

キャベツ畑の小道（廃線跡）を辿ると、記念碑が三つ建っていた。
「満洲開拓記念碑」「開拓者供養塔」「甘楽《かんら》入植三十年記念碑」とある。
いわゆる満蒙開拓団関連の記念碑だ。
「満洲開拓記念碑」には、

昭和19年3月～昭和20年4月、甘楽郡（23ヵ村）から選抜された青年140人が満州国に派遣された。祖国の食糧難を救済するため。食料確保と北の守りのため。昭和21年10月帰還した。

とある。報友会（青年団）の記念碑だ。

昭和六（一九三一）年、満州事変（柳条湖《りゅうじょうこ》事件）が起き、「五族共和」「王道楽土」を建前に、関東軍は満州（中国東北部）の各都市を制圧、翌年、日本は清朝の廃帝・溥儀《ふぎ》を皇帝に立て満州国独立を宣言した。偽装国家成立と中国への侵略疑惑で、国際連盟はリットン調査団を現地へ派遣した。しかし日本政府はその報告を容認せず、孤立して国際連盟を脱退し、戦争への道を加速してゆく。
昭和七（一九三二）年、日本政府は関東軍（この年から司令部は新京、現在の長春）からの〝満州農業移民計画〟を採択した。満州国維持を図る軍事的目的と世界恐慌で疲弊した国内の農業経済の立て直しを図るためであった。中国東北部の満州、内蒙古《うちもうこ》、華北の開拓を大義として農業移民団を募集した。それが「満蒙開拓団」であった。

同年から終戦の昭和二〇（一九四五）年までの一四年間に、日本全国から三二万人、群馬県からは約九〇〇〇人の農業移民があった。群馬県甘楽郡でも開拓団が結成され、昭和一四（一九三九）年、満州国北安《ほくあん》省通北《つうほく》県九道溝に入植した。百数十戸、はるかな満州の異郷に甘楽郡分郷が誕生したかのようだった。現地では地元民を雇用し、農地を開拓し、食料生産に励んだ。昭和飢饉《ききん》で逼迫《ひっぱく》した日本の食糧難を援助するためだった。しかし、敗戦となり満州では悲惨な事件が起こった。地元民が抗日運動を起こし、匪賊《ひぞく》（団をなして略奪、暴行などを行う賊徒）が日本人を襲撃した。また、北からはソ連軍が参戦し攻め下ってきた。満州移住者は命からがら脱出したが、無事帰国したのは一一万人にすぎなかった。

戦後、郷里に帰った人々は、浅間山麓の原野を農地としてふたたび開墾した。昭和二一〜二四（一九四六〜四九）年の三年間に一九三戸が入植した。

二万五〇〇〇分の一地図「北軽井沢」を眺めると、あちこちに開拓の地名がある。浅間開拓、西窪開拓、細原開拓、山梨開拓などがそうである。終戦後、政府は浅間山麓の開拓を奨励し、各地から入植した人々の集落名だ。

そのなかに「ハイロン」という異国風な地名を発見した。はるか満州の地名「海倫《ハイロン》」（現・中国黒竜江省）からとった集落名だった。

そのハイロンからの移住者、藤川ちゃう子さん（九〇歳）にお会いすることができた。満蒙開拓団の貴重な体験者だ。

満州国の大都・ハルピンの北方約二〇〇キロの海倫県（現・浜江省）に群馬村が築かれた。入植者三〇〇戸は赤城郷、榛名郷、妙義郷に分かれて暮らした。

藤川さんは昭和一四年、故郷の木瀬村（現在の前橋市）から家族とともに先に渡った父親の跡を追って渡満した。小学校一年生の時だった。ハイロンはハルピンの北、夜行列車に乗ると一晩かかり明朝に着く。ハイロンでは赤城郷に入り、そこは一六戸の集落だった。沼田や安中など前橋近郊出身の人が多かった。渡満した時は四人兄弟だったが、満州で二人の弟が生まれ、家族は六人となった。

「ハイロンでは小学校二年生から日本人学校に通いました。土地は豊かでしたよ。土に力がありました。トウモロコシや大豆を日本に送りました」

ちゃう子さんはその年齢にもかかわらず頭脳明晰《めいせき》、スーパーおばあちゃんだ。遠い記憶の糸をたどりながら淀《よど》みなく話してくれた。

「家には銃が備え付けてありました。家を守るためです。日本人は満人を雇って働かせていましたから。彼らは占領された不満もあって、匪賊も横行していました」

八年間を満州で過ごす。父親に馬に乗せてもらい広大な原野を走るのも楽しみだった。

しかし、昭和二〇年、日本は敗戦を迎える。ソ連軍が満州に侵攻し、匪賊の日本人襲撃がはじまった。ちゃう子さんが一四歳の時だ。

「大変でしたよ。武器はすべて返上したから戦えない。父親は胸に三発撃たれ、喀血したが命はとりとめました。母親は腕に銃弾が貫通しました。私もほら」。腕をまくると、銃痕がある。「散弾銃で一〇発も弾がここに入ったんです」

引き揚げの鉄道は無蓋《むがい》車にすし詰めだった。新京まで三晩かかって命からがら脱出した。途中で亡くなった人、捉えられて捕虜となった人、小さな子供を中国人に預けたり、残留婦人となったりする人もいた。母親は新京で手術を受け、左腕を失《な》くした。

佐世保港に帰還した時は涙が出て止まらなかった。とにかく家族が無事に日本に帰れたのだ。

前橋に戻った父親は、遺言のように「開拓を続けてくれ」と、家族に頼んだという。

ちゃう子さんは母親と弟と三人で、浅間の麓の開拓村へ移住した。入植者一六名で地名はハイロンと決めた。笹小屋に住み、鍬《くわ》一つでふたたび原野の伐採開墾がはじまった。一鍬一鍬が血と汗の結晶だった。ちゃう子さんにとってはこの地が三度目の故郷になった。

昭和三〇年、二三歳で館林出身の御主人と結婚、今は静かな老後を送っている。

「五〇年経っても、この浅間の雄大な風景は変わらないですね」

「草軽」の営業が軌道に乗り、草津軽便鉄道から正式に「草軽電気鉄道」に社名を変えたのが昭和一四（一九三九）年だった。ちゃう子さんが戦後、浅間のハイロン開拓村で再出発したのは戦後の昭和二五（一九五〇）年頃のことで、日本初のカラー映画『カルメン故郷に帰る』の撮影が浅間を舞台にはじまっていた。
「草軽」も苦難の時代を休まず走っていたのである。

上州の名山を一望

開拓碑の敷地の角に草軽交通のバスが放置してある。昭和五〇年代頃、現役で走っていたものだ。脇の農道がかつての「草軽」の道床で、廃線歩きにはいい目印になっている。

路線跡を歩くと、残雪に輝く上州の山々が見えてくる。正面が本白根山、その奥が苗場山、さらに白砂山、上ノ間山、浅間隠山。振り返ると後ろには浅間山に四阿山《あずまや》……。

「東西南北の山々が眺められるのはここだけですよ。深田久弥の日本百名山が三つ、それ

満洲開拓記念碑の敷地の角に放置されている草軽交通の廃バス車両。右側の道が廃線跡。周辺にはキャベツ畑が広がる＝令和4年4月（武田元秀撮影）

に三角の頂が特徴的な浅間隠山までが一望できます」と宮崎さん。

壮大な雪山の風景だ。周囲はキャベツ畑が広がる。満蒙開拓団の人々はここに異国の風景を重ねたのだろう。

田畑の側道を進むと、ふたたび路線跡は国道146号を渡る。この短い区間で三度も国道を渡っている。「草軽」が直線的に走らず、いかにうねうねと走ったかが納得できるだろう。スキーのジグザグ斜滑降と同じく、直線で降りず蛇行しながら傾斜を緩和しているのだ。

吾妻駅の足跡

「ここがかつての吾妻駅構内です」

宮崎さんが指さしてくれたところは、民家が二、三軒あるばかりで何もない。かつては木造平屋の駅舎が草津側にあり、島式のホームがあったはずだ。まるでキツネにつままれたという感じだった。この場所は、教えられないとまずは分からないだろう。一体、どこが構内で駅舎やホームはどこなのか見当がつかない。国道146号がすぐ右を走っており、樹林越しにクルマが走行する。

北軽井沢—吾妻間はわずか二キロしかない。しかも開けた開墾地で山道ではない。そこを「草軽」

は七分かけて走った。時速一七キロという計算となる。自転車の平均時速は一五キロというから、自転車とたいして変わらない。なんとものんびりしていたものだ。

旧駅近くに住んでいる青木利夫さんを訪ねた。突然だったが、落ち着いた態度で快く対応していただいた。

青木さんは昭和一〇（一九三五）年生まれ、現在八六歳。長らくこの地に住み、現役時代の「草軽」にもたびたび乗車した。中学の理科の先生で長野原の応桑《おおくわ》中学校、嬬恋村の西中学校などで教鞭《きょうべん》を執った。

「昔撮った写真がありますよ」。昭和三〇年代の「草軽」現役時代のモノクロ写真だ。「私が学生時代に撮ったものです。当時カメラは高価で貴重品でした。写真屋さんも中之条まで行かねばなかったですよ」

ホーム屋根の改修工事の落成式のものだろうか？　大勢の男たちが並んだ記念写真だ。法被を着て帽子を被《かぶ》った作業員、詰め襟服の学生、白い制服姿の警官も並んでいる。

カブトムシがけん引する「草軽」の走行写真もあった。本白根山を背景にした16号機関車だ。

「当時は変電所が家の前にありましてね。アカエゾマツの巨木が聳《そび》えていて目印になっていました(今は根っこだけが残っている)。電車が運行している間はザァザァとラジオに雑音が入ってね。運行が止まるとパタッと静かになった」

山荘風の変電所が草津寄りにあり、ここで電力会社から送られてくる交流一〇〇〇〇ボルトの電気を直流六〇〇ボルトに変換した（「草軽」全線に変電所は三ヵ所あり、ほかに小瀬《こせ》温泉、万座温泉口）。

この時代、人の暮らしと野生動物が共存していた。スズメが多く棲《す》み、変電所の壁に穴を空けて巣をつくっていた。すると卵をとりにヘビが壁を伝って登った。青木さんはヤマカガシ、アオダイショウなどをよく見たそうだ。今もシジュウカラが多く、青木さんは家の前に餌台を置いている。

奥さんが花豆や沢庵《たくあん》など自家製のお茶請けを出してくれる。青木さんの隣にちょこんと座り、時々笑いながら黙って話を聞いている。なんだかほのぼのとした農家の光景だ。

奥さんは長野原町の出身で、お二人は見合い婚。「草軽」にもよく乗った、という。

北軽井沢駅からわずか二キロしか離れておらず、しかも民家も少ないここに、なぜ駅を設けたのだろうか？

その訳を青木さんが解いてくれた。

「ここに与志本《よしもと》合資会社という材木会社の事業所があったんですよ。山の奥から材木を運んで草軽とつなげていた。駅にはさらに山への枝線もあり、ガソリンカーで集材していました」

昔の吾妻駅の写真を見ると、ホームの周囲はなにもない広場となっている。そうか、ここが材木置き場で、材木が山積みにされていたのだ。

「父親は草軽電鉄の電気技師をしていましたが、その前は与志本にいました。浅間山麓には広葉樹の巨木が多くあったんですね。材木のほかにも狩宿《かりやど》から鉄鉱石も運んでいましたよ。赤茶色の土塊《どかい》を覚えています。終戦頃まででですかね」

「草軽」は地域住民の足であったが、一方で産業鉄道でもあった。草津温泉近くの谷所《やとこ》駅付近に硫黄鉱山があり、その運搬が目的だとは知っていたが、ほかに木材、資源の運搬も担っていたのだ。

林間の廃線跡をたどる

吾妻から次の駅、小代へと進む。

吾妻から廃線跡は国道146号と分かれ、北上するが、運よく町道が路線にそって続いている。沿道には小菅、田通《たどおし》といった集落がある。

左手にかつて走行した路線跡を確認しながら私たちはところどころ林道に分け入った。近くに小菅川が流れ、林道はあちこちで湧水のある湿地帯となっていた。初夏にはミズバショウやスズランが野を彩ることだろう。

クマザサを避けて進むと、かつての「草軽」の道床が確認できた。

立ち枯れた樹林はシラカバ、カラマツ、ナラなど広葉樹林の森だ。ヤドリギが鳥の巣のようにぶら下がっている。枯れ葉を集めた大きな巣は〝熊棚〟かもしれない。足元にはドングリが散らばっている。

このあたりは「浅間六里ヶ原」とよばれ、標高は九〇〇〜一四〇〇メートル、広大な浅間の裾野である。樹林帯が消えて、突然キャベツ畑が広がると……、
あ！

目の前にドーンと純白の浅間山が現れた。

白皚々《はくがいがい》とした山は厳然として孤高である。あたかもそこには神々が宿るかのようだ。ここからの浅間山は北斜面で、軽井沢方面から見る穏やかな稜線の続く浅間山とは対象的である。北斜面は裾野から頂上までが見通せ、本山、前掛山、小浅間の三つの峰の全貌《ぜんぼう》が浮かび上がる。かつての浅間山噴火時の溶岩流の傷跡も生々しい。さらに黒斑山《くろふやま》、仙人岳《せんにんだけ》の外輪山の連なりも見える。

この浅間山をバックに裾野の高原を走る「草軽」の場面が思い出された。

映画『カルメン故郷に帰る』のラストシーンだ。

木下惠介監督、高峰秀子主演、昭和二六（一九五一）年の松竹映画で、日本初の総天然色映画で話題になった。東京でダンサーをするリリィ・カルメン（高峰）が友人のマヤ朱美（小林トシ子）を誘い、故郷の浅間山麓の村へと帰ってくる。物語は二人が「草軽」に乗り北軽井沢駅に着くところからはじまる。

サングラスをかけ羽根飾りの帽子を被《かぶ》り、日傘をもち、派手なオレンジ色のドレスを着たカルメンは村の衆にはまるで異星人のように映る。終戦から間もない頃である。村人らは貧しく慎《つつ》ま

しく清楚《せいそ》な暮らしを続けている。

二人は牧場で踊ったり、跳ねたりの大はしゃぎ。そうこうするうちに村祭りのさなか劇場でダンスを披露することになり、二人は怪しげなベリーダンスを披露した。実はリリィはストリップダンサーだ。しかし、二人はストリップを芸術だと信じている。裸踊りに熱中する村の衆、眉をひそめる校長ら、得意げに踊るリリィと朱美、その人間模様が笑いをそそる――。

戦後民主主義の解放感と古い村社会のしきたりが交錯し、喜怒哀楽の人間たちの営みを、もくもくと煙をあげる浅間山が背景で見守っている。「草軽」はリリィと村人との出会いと別れの重要な場面を演出した。

「草軽」ファンには必見の名作である。

映画のことをついでに話すと、「草軽」ファンが見るべき映画はほかにもある。

前述した『山鳩』(昭和三二年、東宝、丸山誠治監督)は小瀬温泉駅を舞台にしており、老駅長と突然舞い込んだ酌婦との人間愛を描いたものだ。この映画もしみじみとした人情劇だった。

『ここに泉あり』(昭和三〇年、今井正監督、岸恵子主演)は、高崎市民オーケストラから群馬交響楽団への創設期の出来事を描いたドラマである。ラストシーンで「草軽」が印象的に登場した。

常林寺の法事では臨時停車した

小代の駅跡は町道の脇の平地で、ここも教えられなければまずは分からない。駅らしい雰囲気はなく、ただ通り過ぎる田舎の道の脇である。かつては島式の小さなホームがあった。高原状に開けたところで、草津白根山が遠望できた。

今は集落など何も残っていない。

宮﨑さんが先導し、眼下に流れる小菅川に沿って遡《さかのぼ》る。橋台が残っているという。河原にはギシギシが葉を広げ、黄色い福寿草が咲き、フキノトウが芽をだしていた。さらにニセアカシアの灌木《かんぼく》の棘《とげ》をよけ、笹原を分け入ると小さな橋台が出てきた。「草軽」の残した記憶だ。もはや橋台は崩れてかけており、下は渓流が流れる。

黄色い蝶が時を忘れたかのように飛んで行った。

この前後は急勾配で、浅間山ジオパーク推進協議会が発行している廃線跡のドライブガイドによれば、小代から田通までの一五〇〇メートルで六五メートル登ることになるようだ。六五／一五〇〇の勾配で単純に計算すると四三パーミルとなる。デキ12形の限界登攀《とはん》能力という。「草軽」は川沿いをうねりながら長い距離を走ることで勾配を緩くしていた。

吾妻—小代間の廃線跡を歩く。浅間六里ケ原の高原台地を抜けると列車は林の中を嬬恋へ向かって下っていった＝令和4年4月（武田元秀撮影）

常林寺に立ち寄った。

北軽井沢―嬬恋間では唯一といっていい名所である。県道241号嬬恋応桑線をゆくと河岸段丘の上に見上げるような大寺が現われる。鄙《ひな》には稀《まれ》な……という感じである。

建武元（一三三四）年、鎌倉時代の創建。代々地元武士団だった鎌原《かんばら》氏の菩提《ぼだい》寺で、鎌原氏はかの六文銭の真田氏と縁戚関係のある同族だという。鄙《ひな》で勢力を張った一族なのだろう。

住職の奥さん、高橋七津子さん（七七歳）は、柔和な微笑《ほほえ》みを浮かべて迎えてくれた。

「現在息子の代で三一代目を数えます。寺の住所は長野原町応桑になりますが、檀家《だんか》は嬬恋村の方々がほとんどです。昔の駅も小代より嬬恋の方がずっと近かったですね」

七津子さんは嬬恋村の小中学校に通っていたので「草軽」にはよく乗っていた。

かつて「草軽」は寺の石段を下りた下、寺の門前を走っていた。「住職が嬬恋から乗って帰ると、電車は寺の前で徐行してくれましてね。住職は飛び降りていましたよ」。まるで漫画みたいな情景が目の前に浮かぶ。

袈裟懸《けさが》け、下駄ばきの住職が「とまれ！」と声をあげて、電車から飛び降りる。よくぞケガなどしなかったものだ。

「架線からパチパチ火花が飛び散ることもよくありましたね。春先には山火事にもなりました。小代の方へ火が昇ったことがありました」

そんな恐ろしいことが起こっていたのか？　スパークして青白い火花が電線から散ることは

あっても、あれは火事にはならない、と聞いていたがここではそんな常識が通らない。

「きれいな花が線路際に咲いていて、降りて花をとってきても乗れましたよ」

これは前にも聞いたことがあった。水を飲んできても追いかけて飛び乗った、という話もあった。緩やかな坂道で時速一〇キロくらいならば十分可能だろう。

蚕を多く飼っていた嬬恋村では夏の旧盆は忙しく、秋になって九月一五日に「施食会《せじきえ》」を行い、お盆代わりの法要をした。寺に入りきれないくらい大勢の村人が集まり、そんな時「草軽」は臨時に寺の前で停まってくれたという。

なにもかもが緩慢に流れていた時代だ。

ここでは「ゆっくり」「ゆるやか」の言葉がつい繰り返されてしまう。「草軽」が現役の頃、時代はゆるやかでさして急ぐ必要はなかった。生活がいきなり慌ただしくなる高度成長を前にして、「草軽」は廃止となってしまったのである。


旅は終わりに近づいていた。

「小宿川の鉄橋跡」は県道241号の峠を越え、芦生田《あしうだ》地区の東側を流れる小宿川に架かっていた。田んぼのようなホタルの里（保護区・ビオトープ）が目印だ。

重機が踏み込み、整備された歩きやすい山道を下ると渓流の音が聞こえ、そこに高さ数メートルほどの橋梁の石組みが現れる。三年前の台風一九号の爪痕か、対岸の土手が崩壊しており、橋脚が川の中に単独で立っている。しかし堂々としたものだった。

「小熊沢の鉄橋跡」は県道241号の道端にあった。崩れた橋脚がわずかばかりに残っているが、これも「草軽」の残された数少ない遺産だ。

街道はゆるやかな弧を描く。ここから山形屋旅館、山田屋温泉旅館という二軒の宿が、昔日の宿場を想像させるように遠望できた。

第一〇章

嬬恋——上州三原

一寸釘《いっすんくぎ》

廃止が近い頃の上州三原駅。吾妻川を渡った先の左岸側、嬬恋村の中心（現在のJR万座・鹿沢口駅の対岸）にあった。背後に吾妻川の段丘崖が迫る＝昭和37年頃（剣持豊彦提供）

嬬恋が終着駅だった頃

嬬恋村に芦生田という地区がある。村の人は「あしゅうだ」と言うが、正式には「あしうだ」と読む。文字通り「芦」の茂る〝田んぼ〟だった。こんなエピソードが残っている。

小学校二年生の時のこと。夏休みが終わっても受持ちの女の先生が見えない。来る時間も来る時間も代わりの先生の授業で、ワイワイ楽しく過ごしたが、件《くだん》の先生はそれっきり音沙汰がない。後日聞くところによると、その先生、四月着任の際嬬恋駅へ降り立って、あまりの田舎にサメザメと泣いた。夏休みが終わって再びこの山中へ帰住なさるのが嫌になったのだろうとのことであった。

（からさわ・しげお）

――『思い出のアルバム　草軽電鉄』（郷土出版社）より

そんな僻地《へきち》へ、「草軽」が吾妻駅から延伸し嬬恋駅が誕生した。大正八（一九一九）年のことである。新軽井沢からの総延長は三六・八キロ（所要三時間一五分）となり、以後、大正一五

（一九二六）年までの七年間、嬬恋駅は終着駅となった。

嬬恋村にとって大正八年はエポックメイキング、〝嬬恋村元年〟ともいうべき年となった。この年、鹿沢（田代湖）、西窪、今井の水力発電所の建設がはじまった。「草軽」はセメントや、建設資材、鉄製機械（タービンなど）を運び、嬬恋駅はその搬入基地となった。吾妻硫黄鉱山で採掘された硫黄の集積地ともなり、さらに駅は湯治客を迎え、天下の名湯・草津温泉への基点ともなった。

この時産業、エネルギー、観光のスリーカードが、嬬恋駅で揃ったのである。

木造平屋の駅舎が誕生し、構内は広々としており、島式ホームで三本の線路をもっていた。駅舎と反対側には貨物専用のホームも造られた。

駅が誕生すると、芦生田はいきなり発展した。駅前には料理屋三軒、旅館三軒、商店二軒、馬を置く運送屋三軒、カフェ、映画館までが出現した。当時は蒸気機関車時代で、駅前は汽車と馬と人が行き交い、地域一番の賑《にぎ》わいをみせたという。

前述の女先生もこの時に来村したら、サメザメと泣くこともなかったかもしれない。

嬬恋駅跡から出発した。

小代《こよ》、常林寺から上州三原へと続く街道（県道２４１号・芦生田道）ぞいに木造瓦葺《ぶ》きの嬬恋駅があったはずだ。しかし、かつての駅の存在はまったく想像できない。山田屋温泉旅館、山形屋旅館と宿は二軒あるが、あとはガソリンスタンドや、しもた屋風の民家があるだけで、商店や料理屋などは面影もない。

街道沿いの一本の老桜だけが当時のよすがを偲《しの》ばせ、「芦生田の昔をしのぶ嬬恋駅」と書かれた草軽電鉄嬬恋駅跡の案内看板が、申し訳程度に立てられていた。

嬬恋駅の当時を知る二人の方に登場願った。

ひとりは山口純夫さんで、街道に建つ山田屋温泉旅館のご隠居である。九〇歳に近く多少屈《かが》み腰となったとはいえ、悠然としていらっしゃる。

「村で三、四番目の年寄りになってしもうた。もう数えるくらいしか古老は残っていない。草軽のこともう、ほとんどの村民が知らないな」

とたんにさびしそうな顔になった。

山口さんは新潟県の柏崎生まれ。四人兄弟のしっぽ（末っ子）で、父親は北軽井沢へ入植した。昭和七（一九三二）年、一八歳の時に当時の草軽軽便鉄道に入社し、以後三六年間「草軽」とともに人生を歩んだ。

最初は北軽井沢の駅夫、その後車掌を経て、三〇歳半ばで助役となり、北軽井沢駅に勤めた。

「ほら、これだよ」。自慢げに名刺と社員証を見せてくれた。ちゃんと保管してあったのだ。

そこには若き日の山口さんの顔があった。半世紀も前の記念物である。山口さんにとっては勲章のようなものなのだろう。

「当時駅員は何から何までやったよ。掃除から客の応対、貨物の荷下ろし、客車の屋根に登ってランプのホヤ磨き、機関車の運転もした。全部手作業だったからね、ポイントの切り替え、列車ブレーキも大変だった。駅長に厳しく絞られたものだった」

昭和三七（一九六二）年の廃止時、鉄道部門（草軽電気鉄道はバス部門もあった）の職員は二〇〇人くらいいたという。当時は東京急行電鉄の傘下だったので、同僚たちは希望を出して東急系列の伊豆急行、上田交通（現在の上田電鉄）、群馬バスへと移っていったが、山口さんはそのまま残った。

昭和四九（一九七四）年、東急系列の「草津温泉ホテル東急」へと異動した。山口さんは初代の事業担当、副支配人を任され、青森、大阪など全国へセールスに出る。鉄道を離れ、八年近くをホテルマンとしても活躍。「草軽」一筋に身を委ねた人だった。

「いいことはありましたか？」と水を向けると、「映画撮影ロケが多かったね。昭和二四年頃、車掌だったから『カルメン』の撮影で高峰秀子や笠智衆《りゅうちしゅう》などの俳優さんに出会えた。草津から山本富士子が乗ってきたこともあったな。やっぱり美人だったな。森繁久彌さんは何回も来た。岡田茉莉子や三國連太郎、松坂慶子、淡島千景などの有名人にも会えたな」

テレビやパソコンのない時代、過疎の村で有名な俳優を間近に見ることなど大事件だった。山口さんは当時を思い出すようにふと遠くを見る。「草軽」が山口さんの青春と重なっている。

二五歳の時、芦生田の山田屋旅館に婿入りした。何とか旅館を軌道に乗せようと思案した。婿に入った以上はその面目を果たそうと思ったのだ。

「そうだ、温泉だ！」とひらめいた。借金して土地を買った。買った土地が別荘分譲地となって資金を生んだ。それを温泉掘削につぎ込み、四〇〇メートル掘り、ついに四〇℃の泉脈を得た。

ひなびた街道の宿は、今では温泉旅館として人気の宿になっている。

「あの時、伊豆急か上田交通に出向していたら一生サラリーマンで終わったな。みな草軽のおかげ、いい思い出です」

山口さんが白い歯を見せて初めて笑った。

少年は誰しも鉄道が好き

もう一人、芦生田で生まれ育った方に会った。

下谷通さんだ。下谷さんは昭和二六（一九五一）年、芦生田に生まれ、嬬恋高校を卒業して上京、大東文化大学を卒業して帰郷、嬬恋村役場に務めた。

「芦生田は今と比べたら賑やかで、芸者の置き屋や映画館もあったんですよ。ちょっとした田舎の銀座でした。今じゃ信じられないでしょ」

穏やかな方だ。いかにも律義そうな佇《たたず》まいで、七〇歳を超えた今は村の文化財の公認ガイドをしている。

「家の近くを電車が通り、追いかけて行ってちょいと乗ったこともありました」

ゴトン、ゴトン、キー、キーと独特の走行音を軋《きし》ませ、カブトムシのような機関車は小さな客車を引いていた。夏には蛍が舞い込むほどゆっくり走っていた。

子どもの頃、いたずらもした。

「線路に一寸釘をのせておくんですよ。電車が通ったあと釘はペチャンコになる。すると磁石になったんですね」。顔が一瞬少年のようになる。

鉄道が好きだった。父親が北軽井沢に用向きで出かける時は必ず連れて行ってもらった。

「電車の音が聞こえると、すぐに駅へ見に行ったものです」

そういえば少年は誰しも鉄道が好きだった。

実は私もそのひとりだった。

三重県の大台ヶ原の麓、荻原村（現在の大台町）に生まれたが、当時父親が村の病院長をしており、往診に使う乗用車があった。事あるごとに運転手にねだって紀勢本線の三瀬谷《みせだに》駅まで乗せてもらった。蒸気機関車が見たかったからだ。その後、一家は名古屋に移ったが、昭和三〇年代の小学生の頃、近くの鶴舞《つるま》公園へ中央本線の汽車をよく見に行った。デゴイチだったと思うが、最大きな蒸気機関車が長大な貨車を引いて走っていた。一つ、二つ……と数えるのだが、いつも最後まで数えられない。貨車から時々石炭がこぼれ落ち、それをお宝のようにして家に持ち帰ったものだった。

廃止となった時、下谷さんも小さいながら悲しんだ。

「電車は軽井沢や北軽から都会の風を運んでくれましたからね。なんだか取り残されてしまうようで寂しかったですよ」

下谷少年の瞼《まぶた》には旅に出る乗客の高揚した気分や、それを見送る駅員らの悲喜こもごもの嬬恋駅舎が浮かんでいた。

伝説の嬬恋キャベツ

嬬恋村は群馬県の西端にあり、長野県と県境を接している。

明治二二（一八八九）年、市町村制の施行で田代、大笹、大前、芦生田など一一ヵ村が合併して嬬恋村となった。その名は日本武尊《やまとたけるのみこと》が妻の弟橘媛《おとたちばなひめ》をしのび、「吾嬬者耶《あづまはや》」（わが妻よ）と、遠くにいる妻を偲《しの》んだという故事による。

日清・日露の両大戦を前にして、軍国主義が進むなか「妻を恋う」などと粋な村名をよくつけたものだ。初代村長はじめ村の重鎮に愛妻家が多かったのだろうか?

嬬恋村は、上州（沼田・高崎）と信州（上田・須坂）を結ぶ信州街道が村を横断しており、江戸時代には街道沿いに家々が立ち並んでいた。信州街道は上州側の呼び名で、信州側からは宿場の名前を取って「大笹街道」と呼ばれている。信州街道は脇往還だったが信州から上州へ一日三〇〇俵、年間一万俵のコメが運ばれたという。コメは高崎から船で利根川を下り、江戸の幕府や藩屋敷へ届けられた。『東海道中膝栗毛』で有名な劇作家・十辺舎一九《じっぺんしゃいっく》も大笹宿に泊まっている。

村の景観はすばらしい。

浅間山、草津白根山、四阿山《あずまやさん》と、深田久弥の「日本百名山」のうちの三つの名峰を背景に広大な裾野に位置し、利根川の支流・吾妻川がその中央を東流する。山あり、川ありの〝桃源郷〟である。

しかし素晴らしい景観と村人の暮らしは決して一致していなかった。火山は時に噴火し、おびただしい噴煙をまき散らし、周辺に多大な被害を及ぼした。平地一帯は火山灰地だ。また標高が高く寒冷地のためコメは育たない。

長らく村人の暮らしは貧しかった。

現金を得るのは養蚕、馬産くらいしかなく、多くの男たちは出稼ぎに出た。

その貧しい村を一転させたのがキャベツだった。今や嬬恋村といえばキャベツ、キャベツといえば嬬恋村――という評価が定着している。夏秋キャベツの収穫量は全国一を連続しており、毎年約一億五〇〇〇万個のキャベツが全国に流通している。

そのワケを知りたいと、熊川栄村長に登場を願った。

熊川村長は身長一八〇センチはあろうか、長身で肩幅が広く堂々としており、その名のようにまるで熊五郎（失礼！）が現れたかのような迫力であった。ところが大きな額の窪《くぼ》みからのぞく瞳は、童子のように可愛《かわい》らしい。

「イヤァ、〝草軽〟には思い出がいっぱいあってね。小学校の頃かな、毎年夏は草津の温泉祭りへ行ったな。白根山の山頂まで登って麓でキャンプした。冬は北軽の照月湖《しょうげつこ》にスケートに行ったね。行きも帰りも芦生田から草軽に乗ってゆくんだよ。揺られてゆくのが楽しみでね。懐かしいな。東三原のスイッチバックもよく覚えているよ。鉄道はいいね。ヨーロッパじゃCO_2やSDGsで鉄道が見直されているよ。スイスもよかったな。マッターホルンをゆく登山列車ね」

「♪らんらら、高原列車はゆくよ〜」と、歌まで飛び出して世界の鉄道の話になってしまった。サービス精神満点である。次は観光の話になった。

「観光には国境はないよ。嬬恋村は北に草津、東に八ッ場《やんば》ダム、西には菅平高原がある。東西南北、ここは観光立国だよ。これからの日本は観光だ」

と話したかと思えば、今度は「キーワードは環境、食糧、エネルギーだな」と、国政に及ぶ。

さてさて、やっとキャベツの話になった。

「もとは上田の青果商人、青木彦治という人がはじまりだった。昭和七年に村へきて、キャベツ栽培を教えたんだ」

嬬恋村は標高が七〇〇～一四〇〇メートルの高原である。寒冷地でコメは獲《と》れない。コメに代わってキャベツの栽培を勧めたのが青木だった。青木彦治は農家に種子や資材を貸し付け、収穫物を買い取るという、いわゆる〝特約方式〟でキャベツ栽培農家を増やした。折しも県境の鳥居峠が改修され、キャベツは上田を経て、東京、名古屋、京阪神へ鉄道で運ばれ、市場を拡大した。

それまでは戦後の食糧難でジャガイモ、トウモロコシが主だったが、昭和四〇年代からはキャベツが主体となった。

「昭和四五年から国のパイロット事業、さらに翌年から県のパイロット事業がはじまった。これがのちの大量生産につながったんだ」と、村長。

浅間山麓の広大な森林地帯を開墾して、大規模農地をつくろうと国や県が開墾のための助成金を出した。現在、浅間山麓には見渡す限りのキャベツ畑が広がっている。これはもともと山林だったところを伐採、開墾し土を運び畑地に変えたところだ。さらに大型トラクター、プランター（苗植え機）、ブームスプレーヤー（消毒機械）など、それまで人や馬の力に頼っていた作業を機械化した。この時を境に画期的に農業が変わった。

「昭和五〇年前後かな、美濃部亮吉《みのべりょうきち》都知事の時、東京都が〝安定供給契約〟を結んでくれて学校給食に使ってくれた。その後、国が〝野菜特産地域〟に指定してくれた。それまで価格が不安定だったが、それを期に安心して農家が生産できるようになった。首都圏で消費する夏秋キャベツの八割をこの村から送ったんだ。その頃、関西でもお好み焼きブームがあって、キャベ

吾妻川橋梁の左岸側に残る「草軽」の橋台。精緻な石組みは大正15年の延伸開業時そのままの姿をとどめている＝令和4年6月（武田元秀撮影）

が高まった」

食生活の変化も大きい。高度成長の波に乗って食生活は洋食化し、それまでごはん、焼き魚など和食が主体だった家庭食にコロッケやハンバーグ、とんかつなどが日常的に加わった。それらはみなキャベツがないとはじまらない。

標高が高い、寒い、雨が多い。嬬恋村の六～九月の平均気温は一五～二〇℃だ。その寒さ、寒暖差、朝霧が新鮮で甘くておいしいキャベツを生んだ。コメのとれない逆境をキャベツが跳ね返したのだ。

「私の信条は、Think Gloval, Act Localだよ」。そう言って、村長はやっと口を閉じた。齢《よわい》七五。ここまで間髪入れず話続けた体力、記憶力に圧倒された次第であった。

廃線を迎えた上州三原駅

「草軽」に話を戻そう。

嬬恋駅を出ると列車は街道沿いに吾妻川の河岸段丘をくねりながら緩やかに下降する。降り切ったところが吾妻川で、列車は吾妻川橋梁を渡り、上州三原駅に到着する。

上州三原は今や嬬恋村の中心地である。JR吾妻線の万座・鹿沢口の駅があり、目の前には吾妻川が深い谷を刻んで流れる。その両岸には食堂や観光案内所、ガソリンスタンド、銀行、コンビニなどがひしめくように並んでいる。ここだけ見れば、「村」というイメージは消し飛んでしまうだろう。

昭和一五（一九四〇）年、嬬恋駅から延伸されると賑わいは嬬恋から上州三原駅に移った。今や看板だけとなって残る「藤田食堂」も、嬬恋駅のカフェからここへ移ったという。

しかし、この地は昔から台風の通り道だった。暴風、豪雨は吾妻川を氾濫《はんらん》させ、周辺に多大な被害を及ぼした。

新軽井沢―上州三原間の「草軽」第一次廃止の直接原因は、昭和三四（一九五九）年八月一四日の台風七号被害によるものとされている。この時、沿線は甚大な被害を受け、吾妻川に架かる橋梁、橋脚が流出した。吾妻川の橋梁は復旧困難となり、嬬恋―上州三原間はバスによる代行運転となった。

この時、草軽電気鉄道は東急電鉄の傘下だった。

東急電鉄の社長・五島慶太はたまたま草津温泉にいて、荒れる台風の状況を聞き「これで草軽問題もピリオドだ」と漏らした、と伝わる。

それ以前のこと、昭和二四（一九四九）年九月一日のキティ台風でも沿線各所に線路崩壊の大被害を受け、復旧に多額の費用を要した。一〇月に行われた臨時株主総会では営業不振のため、新軽井沢―上州三原間の運輸営業の廃止を決議。営業廃止の申請を行っている。さらに翌年にはヘリン台風に襲われた。この時も吾妻川が氾濫し、橋梁が流出。「草軽」創立以来、最大の被害を被っている。

昭和三四年の重なる橋梁流出はもはやゆり戻しのつかぬ事態となった。この時、「草軽」主要区間である新軽井沢―上州三原間（三七・九キロ）の廃止が正式に決定した。

浅間山系と草津白根山系の狭間に流れる吾妻川は、上流域の川幅が狭く、台風や集中豪雨の被害を受けやすい。令和元（二〇一九）年の台風一九号でも多大な被害を受け、復旧作業は長らく続き、国道144号（信州街道）は大笹―田代湖の間で約二年もの長期間、迂回を余儀なくされていた。

この時、「草軽」はすでに時代遅れとなっていた。

昭和二〇（一九四五）年、国鉄長野原線（現在のJR吾妻線・渋川―長野原草津口間）の貨物運転がはじまり、翌年から旅客営業も開始した。長野原から草津温泉へは国鉄バスが運行、国鉄連携の輸送能力は圧倒的なものだった。昭和三〇年頃からは道路のインフラが完成し、大型バスが渋川―草津間を往復するようになった。かつて首都圏から草津温泉をめざす湯客の多くは信越本線の沓掛（現在の中軽井沢）から入ったが、長野原線が開通して以来、安くて速い上越線渋川からのルートが主流となった。

昭和三五（一九六〇）年四月、新軽井沢―上州三原間が廃止となった。ちなみに同年の乗客数は全盛期の約八分の一の五万六〇〇〇人まで落ち込んでいた。

前述した山田屋温泉旅館の山口純夫さんは当時、上州三原駅の代理駅長をしていた。「駅前の『三原屋』（食堂）のオヤジと二人で駅をたたんだよ。一時代が終わったみたいで寂しかった」と語ったことを思い出した。

上州三原駅の構内は広かった。木造平屋の駅舎と上り、下りの相対式ホームが二つあり、車両整備工場への引き込み線、乗務員の宿舎もあった。「草軽」の鉄道基地だったのだ。

しかし今に残る「草軽」の記憶は、残念ながら吾妻川橋梁の橋台跡だけだ。川を挟んで向かい合う橋台跡ははっきりと残っている。その橋台を支える精密な菱形の石組みには人の手作業のみごとな痕跡が伺える。

現在、三原は国道１４４号と県道59号草津

上州三原駅の跡地にある説明板を見る筆者（左から2人目）ら。跡地は広く、群馬銀行嬬恋支店やその駐車場になっている＝令和４年６月（武田元秀撮影）

嬬恋線が交差、「浅間白根火山ルート」の中間点となり、村一番の繁華街となっている。駅跡は広場となっており、脇に建つ群馬銀行嬬恋支店の傍らには「旧草軽電鉄・上州三原駅跡地」の案内板が往年の写真とともに立っていた。

道路を挟んでその前には、山口さんの話にあった三原屋食堂が「上州手打生蕎麦」の看板を出して残っていた。

大きくカーブして吾妻川橋梁を渡る列車。川の向こうに上州三原駅の広い構内が見える（黒岩薫提供）

第二章

東三原——谷所

洋燈《らんぷ》

湯窪駅の入れ換え風景。吾妻鉱山で採掘される硫黄の積み出しが中心の駅で、看板のある大きな倉庫の下にホームがあった＝昭和 33 年 12 月（村多正撮影）

若山牧水、「草軽」に乗る

指呼すれば国境はひとすぢの白い流れ
高原を走る夏期電車の窓で
貴方は小さな扇をひらいた

――津村信夫、第一詩集『愛する神の歌』より

浅間高原をゆく草軽電鉄の列車。夢の世界をゆるゆると走るお伽話《とぎ》のような列車は多くの文人、詩人の筆で描かれた。堀辰雄、三好達治、田中冬二、野上弥生子……。軽井沢ゆかりの文人は人生のどこかで、この小さな列車の思い出を綴っている。

なかでも印象深いのは若山牧水だろう。

若山牧水は明治一八（一八八五）年、宮崎県坪谷村（現在の日向市《ひゅうが》）生まれ。早稲田大学英文科を卒業して、すぐさま詩歌の世界へ入った。生涯旅を愛し、酒を愛し、各地にその足跡を残している。四三歳の若さで世を去ったが、死因は肝硬変で、酒の飲みすぎといわれた。一日一升の酒をものともしなかったようである。当時関東の秘境といわれた吾妻渓谷が好きで、生涯で三度吾妻郡を訪れている。

よく知られているのは『みなかみ紀行』で、大正一一（一九二二）年、秋も深まる一〇月中旬のことだった。牧水、三八歳の時である。新軽井沢から「草軽」に乗り、当時の終着駅だった嬬恋に宿をとった。

少々長くなるが、牧水の〝草軽体験〟を引用してみよう。

我らの小さな汽車、ただ二つの車室しか持たぬ小さな汽車はそれからごっとんごっとんと登りにかかった。曲がりくねって登ってゆく。車の両側はすべて枯れほうけた芒《すすき》ばかりだ。そして近所はかえってうす暗く、遠くの麓の方に夕方の微光が眺められた。疲れと寒さが闇と一緒に深くなった。登り登って漸《ようや》く六里ヶ原の高原にかかったと思われる頃には全く黒白《あやめ》もわかぬ闇となったのだが、車室には灯を入れぬ。イヤ、一度小さな洋燈《ランプ》を点《とも》したには点したが、すぐ風で消えたのだった。一、二度停車して普通の駅で呼ぶように駅の名を車掌が呼んで通りはしたが、其処《そこ》には停車場らしい建物も灯影《ほかげ》も見えなかった。漸く一つ、やや明るい所に来て停まった。「二度上《にどあげ》」という駅名が見え、海抜三八〇九呎《フィート》と書いた棒がその側に立てられてあった。

――若山牧水『みなかみ紀行』（岩波文庫）より

この時、牧水の乗った「草軽」が嬬恋駅に着いたのは午後九時であった。

念のために私の所蔵している『公認汽車汽船旅行案内』（大正一二年七月号）を確認してみると、嬬恋行きの最終列車は新軽井沢一六時〇〇分発、嬬恋着一九時一八分とある。牧水が乗ったのはその一年前のことだから、臨時列車か、さらに遅い最終ダイヤがその時は組まれていたのかもしれない。

牧水は駅前の宿屋に草鞋《わらじ》を脱ぎ、炬燵《こたつ》のある部屋に荷物を置き、ひと風呂浴びようとするが、あいにく宿はこの夜、風呂を立てておらず、牧水はトボトボと線路を越えた向かいの家に風呂を借りにゆく。そこで温《ぬく》い湯につかり、やっと身を温めることができた。

昔の旅は大変だった。当時嬬恋駅周辺には旅館が三軒あった。今も山田屋温泉旅館と山形屋旅館の二軒があるが、牧水はおそらくそのどちらかに泊まったのだろう。夜の九時過ぎの飛び込みだから、宿は客の準備などしていなかった。

翌日、牧水は草津温泉へと向かう。「草軽」は当時草津まで行っていなかったから、牧水は嬬恋駅から運送屋の馬車か、乗合自動車に乗ったのだろうが、はたしてどのルートを行ったのだろうか。牧水は明記していない。

もう一度、原文を引用すると、

かなり危険な山坂を、しかも雨中のぬかるみに馳《は》せ登るのでたびたび肝《きも》を冷やさせられたが、それでも次第に山の高みに運ばれて行く気持は狭くうす暗い車中にいてもよく解《わか》った。ちらちらと見え過ぎて行く紅葉の色は全く滴《したた》るようであった。

今の道路地図を見ると、県道59号草津嬬恋線が「草軽」の廃線跡とほぼ一致している。県道59号は万座、本白根山の山腹を縫って草津温泉へと至る自動車道だ。今回は上州三原から谷所《やとこ》までゆく予定である。ということは牧水の旅した道を九九年後の今、辿《たど》ろうというわけだった。

スイッチバックの現場を見つける

県道59号の上州三原の交差点を渡る。

県道脇の横丁のような狭い道が廃線跡だ。左手に石垣が続いている。どうやら旧道のようで、見上げると県道59号が走っている。

ほどなく明治屋旅館が現れる。県道側から見ると平屋の木賃宿のようだが、下から眺めると三階建てのゆったりとした瀟洒《しょうしゃ》な和風旅館だ。その名からして明治時代に創業されたものだろう。このあたりから浅間山と吾妻川、三原の町並みが一望できる。

作家・南木佳士《なぎけいし》の実家が脇にある。ごく普通の民家だ。南木はこの家に戦後の昭和二六（一九五一）年に生まれた。地元の小中学校へ通い、父親の転勤にともなって東京・保谷（現在の西東京市）へ。都立国立高校から秋田大医学部へ進み、医師の傍ら作家としてデビュー、平成元（一九八九）年に小説『ダイヤモンドダスト』で第一〇〇回芥川賞に輝いた。『阿弥陀堂だより』などの小説には、嬬恋村の話がよく出てくる。父親は草軽電鉄の運転士だった。

アメリカの鉱山用トロッコ輸入をして改良した電車は、パンタグラフだけが上に突き出たL字型の小さなもので、子供たちからは「かぶと虫」の愛称で呼ばれていた。五百ボルト、三十五馬力の非力なモーターで曲がりくねった山道の線路を、一両か二両の客車を曳《ひ》いて登る姿は、たしかにマッチ箱を曳くかぶと虫に酷似していた。片道三時間の道のりで、十回を越える脱線も珍しくない軽量狭軌の電車を、だましだまし運転するのが松吉（主人公の父親＝筆者注）の仕事だった。

——南木佳士『ダイヤモンドダスト』（文春文庫）より

「草軽」が廃止になって、父親は転職したのだろうか。南木の小説には、舞台は信州になっていたりするが、実は嬬恋村らしい描写が散見される。生まれて中学校まで暮らした村は小説家にとっては〝忘れ得ぬ故郷〟に違いあるまい。その懐かしみと温かみを行間にしのばせる作風にはほのぼのとする。

そのまま路線跡の旧道を行くと左手の土蔵に「丹仁《じんたん》」のかすれた文字があった（昔は右読みだった）。かつて車窓から見えた宣伝看板だったのだろう。今もかすかに文字が読みとれる。

東三原駅跡はやはり、なにも痕跡は残っていない。駅跡は「嬬恋ランドリー」の第一駐車場となり、広場となっているが、周囲は普通の民家でここが駅跡だ、と想像するのは困難だった。

東三原駅はスイッチバック（切り返し）駅で知られたところだ。路線は駅から斜めに上州三原方面へと後退するが、畔道《あぜみち》のような道が廃線跡だと、言われれば分かる、といった感じだ。

その路線跡らしき道を戻るようにして進むと井戸があった。村には伏流水を汲み上げる

東三原駅跡から見下ろす嬬恋村三原の集落。中央奥付近にJR吾妻線の万座・鹿沢口駅が位置する。遠景は浅間山の北斜面＝令和4年6月（武田元秀撮影）

井戸（湧き水）があちこちにある。写真を撮っていると近くの農家のおばさんが「何事か？」と様子を窺いに出てきた。

「草軽電鉄の廃線跡を探しているんです」と説明すると、容疑は晴れたようだ。

おばさんは黒岩光子さんといった。

「草軽は遠足の時、よく乗ったですよ。草津や北軽へね。小学校三、四年生の頃だったかね、電車乗るのがはじめてで一〇〇円の小遣いを握りしめて乗せてもらったもんです。草津へは草軽電車しかなかったからね。スイッチバックでは車掌も降りた。廃線跡は今は田畑になっているけど、分からないかな？　お父さんが詳しいから呼ぶかね？」

そう言って、わざわざお父さんを呼びに行ってくれた。今度はお父さんが代わって案内をしてくれる。突然の訪問者への親切さに頭が下がる。

廃線跡は民家の裏手、県道59号を支える石垣の下だった。ちょぼちょぼと用水路が流れている。これでは地元の人でなければ分からないだろう。農家の玄関前を横切ると「何事か？」と、お茶の間談義をしていた家族の皆さんがまたぞろ出てきた。おじいさん、おばあさん、おばさん、娘さん……。まったく人騒がせなことだ。案内してくれるお父さんがいなければ、玄関先の道なき道を見知らぬ男たちがゆくのだから、やはり疑われることだろう。畑にはトマト、カボチャ、ネギが植わっていた。

お父さんは黒岩武夫さんといった。昭和一八（一九四三）年生まれ。昭和三〇年代、勤務が草津の営林署だったので「草軽」は毎日利用した。

「ここから草津までわずか一五キロだが電車では一時間もかかった。スイッチバックの番屋には専属職員が一人いたねぇ。この沿線の景色は一番だ。浅間山と吾妻川の両方が見えて民家は少ないし、しかも皆、平屋だったから、窓から風景が一望に見渡せたんだよ」

「脱線もあったね。戦中の小学生の時、当時は二両連結だったが、一両がはずれて転覆したこともあったね」

かなりの急坂を登るのでたびたび肝を冷やさせられた――という牧水の言葉が浮かぶ。どうも「草軽」といえば、脱輪、脱線のことがつきもののようである。

この急坂には悲しい思い出があった。小学生を乗せた「草軽」の転覆事故だ。

上毛新聞（昭和一七年一〇月二六日付）の記事は以下の通りだ。

急勾配、雨に空転す　４００米「死の疾走」―客車2両切離しした瞬間―

24日午後4時50分頃吾妻郡嬬恋村三原反平地先で草津行きの草軽電鉄転覆し即死1名重症12名（内女9名）軽傷45名を出した大椿事《ちんじ》に就いて同夜県から現場に急行し原因究明に努めた結果25日朝に至ってその詳細が判明した、即《すなわ》ち1両連結で新軽井沢を発車した列車は北軽井沢驛《えき》で帰校する草津国民学校児童３００名のためにさらに2両連結し都合3両となり三原驛を発車して反地内に差しかかった時折からの降雨と急勾配のため車輪は空回りして容易に進行しないことから運転士と車掌が相談し機関車付きの車両の後方2両を別々に安全地帯へ引き上げる事として第1両と第2両の連結を離した瞬間ブレーキ不完全だった為に後方の2両は物凄《ものすご》い勢ひで400米後退しアット謂《い》ふ間に脱線し土堤《どて》の上に転覆したものでその上木製の車両だった関係上車体の破壊も酷《ひど》くついに可憐《かれん》な児童の生命を奪った外57名重軽傷者を出すに至つたものである

――『火山山麓のレモンイエロー』（小林隆則さんのブログ）より

事故が起きたのは太平洋戦争中の昭和一七年、列車は北軽井沢で草津の児童三〇〇人を乗せたため、二両増結して三両で上州三原を出たが、急坂を登り切れず、安全停止のため二両を切り離した。しかしブレーキがかからず、そのまま後方へ引き戻されて転覆したようだ。雨に濡《ぬ》れた急勾配の線路を上りきれなかったことが、その原因だったという。

戦争中だったため車両整備も十分に行われていなかっただろう。ちいさなカブトムシ機関車で補機もなく、雨の勾配を登るのはかなりリスクを背負っていた。戦争というものが、こうした不注意を招く遠因であったことに違いはない。

坂を登り切って県道59号へ出ると、対面に赤い屋根の家が見える。その正面には白い屋根の西洋風の建物があり、嬬恋村ではじめての郵便局だったという。初代の郵便局長は、のちに初代村長となる篠原仙吉で、一族の家のようだ。その赤い家と白い家の間あたりがスイッチバック地点で列車はそこで折り返した。結構距離の長いスイッチバックで、五万分の一地図にははっきりとZ字形が分かる。路線はここで折り返し、踏切を見守る番屋があった。

スイッチバックの後、列車は事故現場の勾配を登り詰める。

ガードレールを食べるナラの巨木

東三原の先の廃線跡は県道59号ともつれながら重なる。かつては一ヵ所だけ県道59号を横切る踏切があり、そこから廃線跡は夏草の生える道に延びている。

分け入ってみると開けた草原が現れ、古い農家が現れた。時を忘れたような一軒だけの養蚕農家だ。かつてこの周辺は養蚕が盛んだった。養蚕は農家が現金化できる一番の早道でいずれの農家も二階の大きな部屋で蚕を飼っていた。家族は蚕を「お蚕《かいこ》さま」と呼び大切に育てていた。戦後は化学繊維の時代となり、養蚕は見る間に廃れてしまったが、無人のまま草原に残る家屋は「草軽」の盛衰物語となんだか重なるように思えた。

草原にはヘビが鎌首をもたげるようなマムシグサ、黄色い花のクサノオウ、白いヒメジョオン

廃線跡の林道の下は崖。転落防止のための鉄柵（ガードレール）がナラの巨木を貫いている。木の成長の途中で、鉄柵をのみ込んでしまったのか？＝令和4年6月（武田元秀撮影）

(貧乏草)、赤白のクローバー、キンポウゲ(ウマノアシガタ)が咲き乱れ、小さな黒蝶が飛んでいた。湯窪《ゆくぼ》駅跡には三原電業株式会社という名の平屋の新しい建物が建っていた。県道沿いには湯窪というバス停もある。湯窪は貨物専用駅で、あまり客扱いはしていなかったようだ。

ここから廃線跡は県道59号からそれて山腹を走る。右手に風景は展開し、浅間の溶岩流が吾妻川の手前で固まったという崖がグランドキャニオンのミニ模型のように眺められた。その崖の向こうに浅間連峰が横たわる。この角度からだと蛇骨《じゃこつ》岳、仙人岳、鋸岳と浅間連山が続き、〝寝釈迦〟姿に見える。さらに切り通しをゆくと野仏があった。ほおずりする仏、手を合わせる仏など六体。右手に浅間隠山の頂上の特徴的な三角形が見えた。やがて林道となり、下は崖だ。転落防止の鉄柵(ガードレール)が残り、ナラの巨木が鉄柵に食い入っている。

木が鉄を食べている!

恐るべき光景だった。ナラの木が伸びる途中で、鉄柵が邪魔となり覆うように塞《ふさ》いだものか? あるいはナラの木には鉄柵が邪魔で、取り外そうとしているのか? なんとも奇怪な様に驚くばかりだ。恐るべき樹木の〝霊力〟である。

59号へ出てそのまま進むと、右手に笹見平という名の開けた高原へ出た。

正面に浅間山が堂々と聳《そび》える絶好の展望所だ。

カッコウが鳴き、エゾゼミの声が響き渡る。

白桃色の花を咲かせたヤマボウシの林の向こうに縄文小屋と名づけられた小屋があった。小学校の遠足で来るのだろうか、風景は大きく開け、スイスからやってきたマスターが料理の腕を振るうおしゃれなカフェレストランがあった。

闇に消えた鉱山の灯《ひ》

次なる万座温泉口駅跡も、まったく痕跡は残っていなかった。万座温泉への観光駅のような名だが、実際の万座温泉はここから一三キロも離れている。果たしてこの駅からの湯客はあったのだろうか?。当初はこのあたりの地域名で石津《いしづ》駅と言った。駅跡は今の石津住民センターの前の広場のようだ。ゆるい坂道の上に駅はあり、引き込み線があって駅舎とは別の離れたところにホームがあった。

近くに石津鉱山があり鉱物の運搬のため造られた駅だった。

これまでたびたび書いてきたように「草軽」は旅客専用路線ではない。鉱物、森林を運ぶ産業鉄道でもあった。

鉱山は四ヵ所あった。鉱山は「草軽」と直結していた。吾妻鉱山は嬬恋、石津鉱山はここ万座温泉口、白根鉱山は草津前口、万座硫黄鉱山は谷所《やとこ》だった。「草軽」の嬬恋以遠の各駅は鉱山事業のために造られたか、とも思える。

鉱山は硫黄が主だった。石炭は〝黒いダイヤ〟と呼ばれたが、硫黄は昭和三〇年代に増産ブームがあり、薬用、マッチなどに利用され〝黄色いダイヤ〟と珍重された。戦争中には硫黄は火薬造りの重要な鉱物として需要があり、長野原と嬬恋（芦生田）を結ぶ上信鉱業専用軽便線（未成線）が国策として建設が進められていたこともあった。

加賀乙彦の長編小説『永遠の都』には、そのあたりの情景が出てくるので紹介しておこう。主人公の初江は東京に住む元海軍軍医で時田病院長の長女、生命保険会社に勤める小暮悠次と結婚し、三男一女の母である。時は戦中の昭和二〇（一九四五）年のこと、初江は新軽井沢から子供たちが疎開している草津へと向かっている。

〝つまごひ〟という駅で貨車が連結された。黄色い円筒形の物資をびっしりと積んでいる。吾妻鉱山の硫黄である。乗り込んできた男たちも、鉱夫らしい風体であらくれており、酒瓶の回し飲みをしたり、花札に興じたりして騒いでいる。初江に向かって、「さぶいでよう」と怒声を浴びせた男は、鉱夫たちと旧知の間柄らしく、彼らの隣に席を移すや、打って変った高調子で喋《しゃべ》り、酒を酌み交わしている。「硫黄は戦力じゃもんな」とか「硫黄を使った新火薬が発明された」とかの片言から、彼らが時流に乗った人たちで、景気のいい自分たちを得意がっているのが聞き取れた。

——加賀乙彦『永遠の都』（新潮文庫）より

戦争中、軍需物資として珍重された硫黄だが、その後昭和四〇年代、「草軽」と同じように衰退し、閉山した。荒くれ男たちはその後どこへ職場を移ったかは知るべくはないが、エネルギーが石油に移り、石炭産業が衰退したと同じように、夜でも煌々《こうこう》と明かりが点《つ》いていたという鉱山の灯は、闇の中へ消えてしまった。

堂々たる巌洞沢《がんどうざわ》の鉄橋跡

上州三原から谷所の区間で、一番の名所は「今井川の石橋」だろう。石橋は万座温泉口と草津前口の間、今井川の渓流にかかり県道59号の中郷橋から樹林越に眺められる。今も石積みがしっかりと残っており、橋の下に渓流が流れる。

このあたりは廃線跡が農道となり、高原のハイキングを楽しむ雰囲気だ。前方には本白根山が聳え、振り返ると浅間山が見える。標高は一〇〇〇メートルを超え、周囲は花豆の畑が広がる。

草津前口は県道59号沿いにあり、同名のバス停がある。がらんとした広場になっており、何に利用するのかわからない赤いドラム缶がポツンと中央に置かれていた。なんとも不思議な風景だ。

道路脇に立つ西武バスの上り時刻表を見ると、軽井沢駅、すずらん坂（嬬恋村）行きで、午前は八時台、午後は一二時台の一日二本だけの運行。一体誰がどんな目的で使うのか、見当がつかない。

谷所へ向かうと、途中に巌洞沢の鉄橋跡がある。59号からは見えにくいので、民家の脇を少し下ると、堂々たる橋台が現れた。高さ一〇メートルはあるだろうか。

渓流が涼やかな音を奏でて流れている。耳を澄ますとヤブウグイスの声が聞こえた。

谷所旧駅は高原状の草原にあり、変電所があり広々とした構内をもっていた。山側には万座硫黄鉱山があり、かつては夜でも煌々と灯が点《とも》され賑わったところだ。

谷所の名前のバス停があり、県道脇の電柱の下に夫婦の道祖神がポツンと立っていた。この先で県道59号は終わり、国道292号（草津道路）に合流する。

廃線跡は国道を横切って森の中を進む。岩場と森林の間を地形に沿い、オメガカーブなど描きながら標高をあげてゆく。やがてススキの原となり平原が開けると終着草津温泉が間近となる。

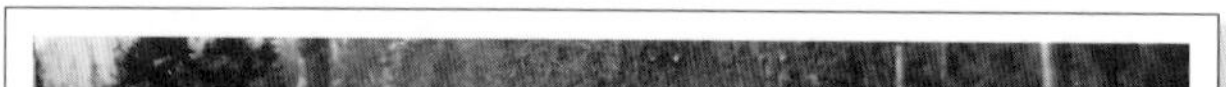

東三原駅を出た列車は、2回のスイッチバックを経て湯窪駅に向かった。2回目の方向転換では県道を交差した（剣持豊彦提供）

第一二章 草津温泉

追憶《ついおく》

草津前口—谷所間に架かる厳洞沢の橋梁を客車１両の列車が渡る。この橋の橋台は、現在も堂々と残る（黒岩薫提供）

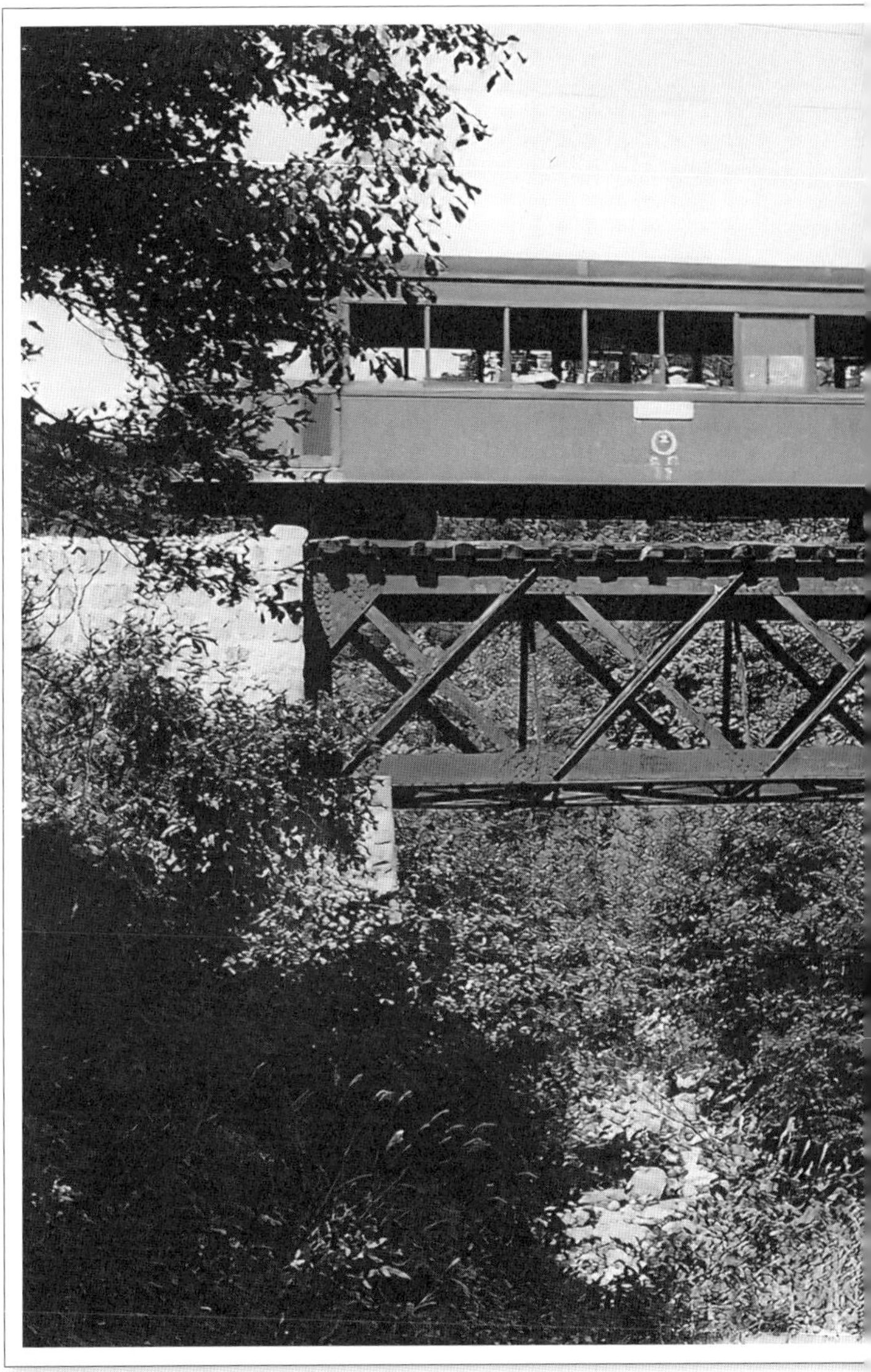

公園の一角に温泉駅の碑があった

草軽電気鉄道の終着駅、草津温泉——。

その草津温泉駅跡の場所は少し分かりづらかった。長野原方面から草津温泉街へ入る手前、国道292号（草津道路）に「道の駅　草津運動茶屋公園」がある。そこから市街地へ向かい、「スクリバ通り」と名のついた道を右折、まもなく右手に現れる小さな公園に駅跡の石碑はあった。南本町児童公園という名はあるが、そこには子どもたちの姿はなかった。ただブランコと滑り台だけが無造作に置かれているだけの小さな公園である。

その片隅、記念碑はどっしりとした火山岩の自然石に「草津温泉驛跡」と記されてあった。碑文には次のように書かれている。

草津温泉驛は、長野縣軽井澤町と、群馬縣草津町を結ぶ草輕電氣鐵道55粁《キロ》241米《メートル》の群馬縣側始発驛、として大正15年9月18日に開業し、発展途上にある草津温泉の表玄関として多数の、浴客や地域住民の乗降を主体とし、硫黄薪炭等地元生産物の發送と、各種建築資材食料など、生活必需品の到着した懐かしい驛でもあったが、交通事情の変革により、昭和37年1月31日同電鐵の廃線のため、37年間の営業を閉じた。

昭和58年11月吉日　草軽交通社友會、草津町有志、建之

昭和五八（一九八三）年といえば、廃線となってからすでに二〇年が経過している。「草軽」を懐かしむ人たちが記憶を残すために建てたのだろう。駅で働いた人たち、カブトムシの運転士、戦時中車掌となって活躍した女性たち、あるいは温泉町の人たち……。そうした人々の思い出が深く染みこむような石碑であった。社友会、町の名もない有志の方々に「ありがとう」と感謝したい気持ちである。

草津温泉駅をしのぶ史跡は、この終着駅の碑だけになってしまった。

昭和三七（一九六二）年、一月三一日。この日「草軽」は全線廃止となり、半世紀近くに及ぶ歴史の幕を閉じた。

最終運行は一番列車で早朝、ここ草津温泉駅を出発した。しかし前夜から雪が降り続き、路肩には積雪が一メートルにも達していた。記念列車のはずがなかなか出発できない。厳冬の早朝ということもあり、別れを惜しむ乗客も数人乗っているばかり。地元関係者の見送りもない寂しいラストランであった。

「碑のある公園は実は駅跡ではありません。実際の駅は国道沿いの今は『ＩＴＡＬＯ』というイタリアンレストランがある場所です」

こう教えてくれたのは、中沢孝之さん（五三歳）だった。

記念碑のある公園は「草軽」のヤードだったところで、そこから線路は急カーブ、国道292号との出合い口に実際の駅は設けられていた。

中沢さんは生まれも育ちも草津だが、今は福島県白河市に転居して図書館の司書の仕事をなさっている。草津温泉観光協会に歴史に詳しい郷土史家の紹介を頼んだところ、「中沢さん以外におりません」と推薦された人だった。

「草軽」開業の提案は草津側からなされた。「草軽」の「軽」は軽井沢の軽ではなく「軽便鉄道」の「軽」であったことは前述した。その起因は温泉客の誘致であったことも前に述べた。ところが中沢さんによれば、それも正

人けのない小さな公園の一角に立つ「草津温泉驛跡」の碑。「草軽」のOBらが建てた、鉄道の存在を示す町内唯一の証拠に＝令和4年9月（武田元秀撮影）

確には違っていたようだ。

創業時の主な出資者（株主）は市川善三郎（ホテル一井）、中沢市郎次（大阪屋）、黒岩忠四郎（旅館 望雲）、黒岩誠一郎（草津ホテル）、山本与平次（大東館）、湯本柳三郎（日進館）であった。いずれも町の有力者で草津の老舗旅館の主人たちである。ならば軽井沢からの湯客の誘致が目的、と思うのが自然だが実はそうではなかったようだ。

発案者だった黒岩忠四郎（当時町長）は草津に温泉以外の産業を育てたい、と湯畑近くに製紙工場を稼働させた。紙を作るのはいいが、それを流通にのせねばならない。そこで信越本線軽井沢駅と結ぶ鉄道建設の提案を町の有力者に働きかけた。一人で資金を調達するのは難しかったからだ。ところが町の有力者はこぞって「製紙よりもお客さんに来てほしい」と希望した。そこで誘客を第一目的として鉄道開設提案の賛同を得た、という次第だった。大きな間違いではないが、当初の思惑は微妙に違っていたのである。

黒岩忠四郎の記念碑もあった。運動茶屋公園の小さな皇大神宮社の脇に自然石の碑が堂々と立っていた。当時の業績を讃えたものだろうが、今は周囲の樹叢《じゅそう》に覆われて、訪れる人は少ないようだ。「草軽」の時代も去り、碑も忘れられ、忠四郎は今何を思っているだろうか？

美しくないと観光客は来ない

人々の記憶から遠ざかってしまった「草軽」をもう一度復活しよう、という頼もしい言葉を聞いた。発言者は草津町の黒岩信忠町長（七五歳）である。

「草軽の廃線はぼくが中学二年生の頃だった。懐かしいねえ。鉄道が走っていた時代は駅にも町にも人の温かさがあった。今はクルマになって通り過ぎるだけ。人の息づかいがなくなってしまった。そこで草津温泉の玄関口、国道２９２号と中央通りの交差点に〝温泉門〟を造り、立体交差させて渋滞を緩和し、さらに中央通りの賑《にぎ》わいを昔のように復活する計画を今、立てています」

温泉門は湯畑と同じく木製で作り、三本の湯樋《ゆとい》を使い、源泉から湯を引き、その湯を溜めて、足湯のできるプールを作る計画だ。

「中央通りはね、昔の賑わいを取り戻したいんだ。駅から湯畑へ、皆歩いて行ったんだよ。列車が着くと、人の匂いというか、旅の開放感、都会の香りが漂っていた」

黒岩信忠町長は昭和二二（一九四七）年生まれ。草津中学校を卒業して東京へ。一七歳で草津へ戻り、会社を興した。

「最初は燃料販売会社だった。その後は不動産会社を経営、草津観光公社の社長にもなった。若い時のチャレンジ精神だよ」

町議を七期続け、議長も経験。町長は四期目で今年一三年目である。「福祉と観光のモデルタウン確立」がスローガンで、目標は観光客の入り込み四〇〇万人。今までの最高は令和元（二〇一九）年に達した三二八万人だった。

自信たっぷり。これまでテレビ出演、地方から講演会にも呼ばれている。

「ぼくが町長になった時、草津は最悪だった、大手ホテルが倒産したり、ホテルは軒並みダンピング競争に明け暮れていたり……。そこで原点に返り、町づくりからスタートさせた。つまり、草津ブランドの創出と発信でしたね」

町長たるべきは経営者と同じ。商人であることをモットーとしている。町を株式会社に例えながら再構築した。それまで草津町長といえば有力旅館の経営者らが歴任していた。黒岩町長は中卒、叩き上げの人。草の根の意地であった。

「美しくないと人は集まらない。汚い湯畑だったら誰も来ません」

草津は見事によみがえった。「草津に学べ」と多くの地方行政や企業、メディアが注目している。

草津名物、湯畑を散策する

――草津よいとこ一度はおいで

草津節で知られるここは古くからの温泉町だ。日本武尊《やまとたけるのみこと》が発見したともいわれ、室町時代には有馬（兵庫県）、下呂（岐阜県）とともに「天下の三名泉」と称され、江戸時代後期の温泉番付では最高位（東の大関）に位置づけられていた。

もっとも、昔はケガの治療や湯治場で今のようなリゾートではなかった。それでも毎日三万二〇〇〇リットル以上という湧出量は今も日本一。その名の由来は温泉の硫化水素臭が強いがゆえの「臭水《くさうず》」にあるとされる。地元の人は「くさづ」と言う。

草津には独特の入浴法があり、「時間湯」といわれる。高温の湯に三分間ずつ四回入るという入浴法で、そのため浴槽をかき混ぜて湯を冷ます「湯もみ」が行われた。湯畑に面した熱乃湯では着物姿の湯もみガールズ（おばさんもいらっしゃるが）が草津節を歌いながら実演ショーを披露してくれる。

湯畑は草津温泉のシンボルであり中心地だ。湯の花（温泉の不溶性成分が沈殿したもの）を採集するところで、湧き出る湯が木の枠で仕切られ、一見湯の畑のように見える所からその名がある。木棚は岡本太郎がデザイン、監修した。かつての雑然としたイメージはなく、すっきりときれいに整備され、若いカップルが浴衣に着替えて散歩している。夜にはライトアップされて幻想的だ。これも町長のアイデアなのだろう。

その湯畑から西《さい》の河原へと散歩した。

狭い小路に旅館、土産物屋、飲食店がひしめきあい、どこからかみたらし団子の焼く匂いが漂っ

草津温泉駅のあった場所から、温泉のシンボル「湯畑」までは約750メートル。坂道に形成された温泉街を歩いて向かう＝令和4年9月（武田元秀撮影）

てくる。

温泉街歩きはやっぱり楽しい。

老舗の旅館では玄関などに意匠を凝らした茶屋がしつらえられ、レトロとモダンが混在している。若い女性好みの新感覚の町づくりといえそうだ。

温泉まんじゅうのお店の前では、道行く人に蒸《ふ》かしたばかりのまんじゅうをサービスしている。いただいたまんじゅうを頬張りながら土産物屋などを物色する。おいしそうな店構えのそば屋に入り、名物の山菜天ぷらそばを注文する。山野の香りと地粉の腰のあるそばが、いかにも季節の里山を味わうようで満足した。

土産物屋では昔ながらのイワナの燻製《くんせい》、花いんげん甘納豆、湯ノ花に交じり、プリン、ジェラート、サイダーなども人気のようだ。現代的なガラス工芸品店では、粋なデザインの冷酒器が目にとまり、酒が旨《うま》くなりそうな予感がして思わず買ってしまった。

西の河原は枯れた河原にところどころ温泉が噴出しており、岩がごろごろ転がり、地蔵が諸処に置かれている。いかにも賽《さい》の河原の世界を思わせるところだ。

ベルツが賞賛した温泉郷

河原を見下ろすように二人の男の胸像が立っていた。

エルヴィン・フォン・ベルツとユリウス・スクリバ。二人は明治時代、草津をしばしば訪れて〝驚異の温泉〟に感動し、ここにドイツ風の温泉療養地の夢を抱いた。

ベルツは明治九（一八七六）年、二七歳の若さで来日し、東京医学校（東京帝国大学医学部の前身、現在の東京大学医学部）で医学を教え〝日本近代医学の父〟と呼ばれた人だ。アジアの小国から立ち上がり、西洋の近代文明を取り入れ、世界列強に並ぶ大国を築こうとした明治という時代の中で、ベルツは皇室から庶民に至るまで分け隔てなく治療を施し、同時に日本の医学界を担う多くの医学生たちを育てた。

友人のスクリバ博士をともない、しばしば草津に通う中で、ここの湯が高温（源泉は五〇〜九〇℃）、強酸性であることに注目し、理想的な国民保養地となることを確信した。「草津には、無比の温泉以外に日本で最上の山の空気と、全く理想的な飲料水がある」と草津温泉が医学的に優れていることをヨーロッパの学会に発表した。

東京帝大医学部を退官した後は宮内省御用係、侍医局顧問となり、病弱だった大正天皇の健康管理に貢献したことでも知られる。二九年間の長きに渡り在日し、日本人女性と結婚し、明治三八（一九〇五）年に帰国した。

今、ベルツの故郷、ドイツのビーティヒハイム・ビッシンゲン市と草津町は姉妹都市になっている。一〇〇年前にベルツが描いた夢は、ようやく今草津で実現しているようである。

「草軽」は兵士たちの野望を乗せて走った

「草軽」の時代を知る人にめぐりあった。

加藤育郎さんである。加藤さんは昭和一五（一九四〇）年生まれ、六人兄弟の末子だった。中学を卒業して東京へ。墨田区の鞄《かばん》職人のもとへ働きに出た。当時の鞄はみな革製だった。ところが化学繊維が流通してから革鞄の価格は急落し、職場は整理された。その時部下は七人いたが、一〇日間彼らの食事の面倒をみて貯めた給料は消し飛んだ。次の仕事は電気屋だった。サンダル履きで面接に行き、五〇人応募のうちの二人だけが採用され、その一人だった。最後はイトーヨーカ堂に務め、二〇年が過ぎて草津に帰り、暖房設備会社を一人で興して三〇年間きりもみした。大胆、不屈の人である。ようやく退職して、今はなき愛した「草軽」を偲《しの》んでいる。

「小学生の頃からずっと温泉駅が遊び場でした。駅員、運転士、車掌は家族のように可愛がってくれたんです。客車や駅の掃除、保線作業も手伝いましたね。『電話出ろ！』と言われて電話もよく取りました。切符切りでは、お客さんは『はい、お願い』などと、子どもにもちゃんと気を使ってくれた。優しい心、人情味のある時代だったね」

加藤さんの特技もあった。

小学校の頃、鉱石ラジオを作った。電車が近づくとラジオに雑音が入ってくる。その雑音の大きさで電車の位置が推定できるのだ。駅員が加藤少年に「今、どのあたりか?」と訊《き》いてくる。「嬬恋を出たあたりです」と少年が答える。大体それが当たっていた。嬬恋駅を出てスイッチバックの時、雑音が止まる。谷所を出ると雑音は一層大きくなった。

加藤さんは「草軽」の記録映画も作った。音響も見事に入っている。

「草軽」は加藤さんの終生の友達だったのだ。

忘れられないのは兵隊さんの出兵だ。小学生の時で、楽隊が繰り出し、町長はじめ町民が集まって徴集兵を送り出した。青年たちは綿のさらし（弾丸除けのお守り）を腹に巻き、神社に参拝し、駅へ向かった。機関車の上に乗り、皆が敬礼した。送る町民は日の丸の小旗を振り、しばしの別れを惜しんだ。旗はクマザサの幹に日の丸を描いた紙の旗をごはん粒でくっつけたものだった。

「勇ましかったけど、何だか心につまされてね。お母さんたちは涙ぐんでた」

この物語は「草軽」が走った時代を書き込もうとしている。

鉄道は戦争を背負って走り続けていたのである。

剛毅《ごうき》、居丈高な明治の時代が終わり、大正という自由な風にのって「草軽」は誕生した。時は鉄道の黄金時代だった。昭和がはじまり、世界恐慌の影響を受けて、日本は食糧危機に陥った。昭和六（一九三一）年、満州事変が起き、満蒙開拓の移民団が大陸へ送られた。そのなかには「草軽」に送られた若者たちもいただろう。大陸進出は日中戦争へと発展し、以後日本は一五年戦争という長い戦争の時代に入った。

「草軽」は村々から若い兵士を乗せて、戦場へと送った。国家総動員法が発令され、女性らもモンペに竹槍で武装訓練を重ねた。職員のいなくなった「草軽」では女性車掌が活躍した。

小学生の加藤さんが送り出したのは太平洋戦争の終わり頃のことだろう。その時も兵士たちの野望を乗せて「草軽」は走っていた。

かの力道山もやってきた

加藤さんのご友人の直井君代さんを紹介したい。

直井さんは東京生まれだが、草津の手前の谷所《やとこ》で育った。君代さんの面倒を看《み》た義父の直井寅吉さんは地方の有名人で、谷所で土建業、草津で興業主を兼業していた。当時、谷所は万座硫黄鉱山で鉱夫やその家族で賑わっていた。寅吉さんは鉱夫らの娯楽を考えた。その当時、娯楽といえば映画しかなかった。彼らは休日草津へ行って映画を観たり酒を飲んで金を使っていた。寅吉さんは東京からフィルムを仕入れ、草津の劇場で公開した。当時は西部劇が人気だった。さらに興行師となり芸人、相撲取り、木下大サーカス、プロレスラーを呼ぶことに成功。戦後まもない昭和二四（一九四九）年頃、君代さんが一一歳頃のことである。

彼らは「草軽」に乗ってやってきた。寅吉さんは横綱の照國《てるくに》、プロレスラーの力道山も呼んだ。荷物はトラックだったが、芸人やスタッフはみな「草軽」に乗ってやってきた。湯治場だった草津にはじめて文明の光が届くようだった。

「草軽のいい時代でしたね。電車がスター（星）を運んできましたよ」

君代さんは今も谷所に暮らしている。夜、耳を澄ますと、ギーガーという電車の音、ガラガラという鉱山の賑わいが聞こえてくるようだという。

湯治から保養へ、草津温泉の変貌

もう一度、冒頭の中沢孝之さんの話に戻ろう。

軽井沢ではなく、なぜ草津から「草軽」の提案が出たか——という話である。

「開業前の草津は湯治客が主で、今のような観光客はいなかったのです。熱い強酸性の湯は皮膚病、性病、ハンセン病などに効用があるとされ、医者から見放された難病患者や長期療養が主で、暗いイメージがつきまとっていました」

当時華やかだったのは同じ上州の伊香保温泉だった。伊香保温泉は外国大使、上流社会、文人に人気があり一種の社交界が誕生しつつあった。

「ベルツさんも保養温泉という同じ発想でした。草津の旅館の有力者は湯治（治療）からリゾート（保養）へと変えたい、という強い気持ちがありました」

渋川からの国鉄長野原線（現在の吾妻線）は昭和二〇（一九四五）年の開通である。それまでは馬車道で吾妻川の渓谷にそった険しい道を辿《たど》ってこなければ草津には到達しない。一方、信越本線は明治二六（一八九三）年に碓氷峠区間が開通し、東京から軽井沢はつながっている。軽井沢から草津までの鉄道路線を敷けば、富裕層が草津へとくるのではないか……。

「草津には新しいものを取り入れようとする意識が強い人たちが多いのです。ソロバンを弾《はじ》き、行けそうならすぐ実行してゆく、という先取の精神があります」

明治の終わりから大正にかけて、鉄道は夢を呼ぶ事業だった。地方では軽便鉄道が新しい産業の担い手として芽吹いていた。政府もそれを応援していた。

「新しい鉄道という産業が金を落とす。伊香保に負けず別荘族を取り込みたい――と、力ある草津の人たちが結束したんだと思います」

草津温泉の逆境が「草軽」を生んだのだ。

一方、弱者にも気を使っていたことは忘れないでおきたい。

「草軽」は一般車両と分けてハンセン病患者専用の車両があった。石灰消毒や衛生噴霧器で各部を完全消毒した車両で、患者が他人に煩わされずに安心して乗車できた。

当時ハンセン病は不治の病とされ、患者は世間から見放された人々だったのだ。

二〇三〇年達成目標の国連のＳＤＧｓ宣言が話題になっている。その主張は「誰一人取り残さない」世界を実現することだ。

「草軽」は今から半世紀も前にＳＤＧｓの理念を実行していた、とは言えないだろうか？

谷所―草津温泉間のオメガカーブを下る上州三原行きの列車。この頃は輸送貨物も少なくなり、客車だけを引いている＝昭和 36 年 7 月（羽片日出夫撮影）

第一三章
草津温泉——軽井沢

残照《ざんしょう》

草津温泉駅。堂々とした木造2階建ての駅舎で、ホームの頭端の先にあった。案内所も併設されていた＝昭和33年12月（村多正撮影）

草軽バスで軽井沢へ

最終章にちなみ、草軽交通のバスに乗ってみた。

路線バスは「草軽」の廃線跡にはそのまま沿っていないが、一部区間は重複しながら草津温泉と軽井沢を結んでいる。これまで歩いてきた廃線跡をバスに乗って辿《たど》るのも一興だろう。

巻末の年表をご覧いただければわかるように、草軽電気鉄道は早くから乗合バスも運営している。

昭和三（一九二八）年には北軽井沢―鬼押出し間、北軽井沢―地蔵川温泉間の乗合自動車による営業を開始。昭和九（一九三四）年には草津町内バスを、昭和一一年には峰の茶屋―北軽井沢間、さらに昭和三〇年には軽井沢―北軽井沢間。新軽井沢―上州三原間が廃線となった昭和三五年には同区間にバスを走らせている。

現在、草軽交通の路線バス（軽井沢―草津温泉間）は一日五便、軽井沢―北軽井沢間は一日四便、シーズンには増発もあり、地方の過疎ローカル線よりも本数は多いかもしれない。北軽井沢、浅間牧場、白糸の滝などの観光名所が多いからだろう。

一〇月半ばの平日、午前九時五〇分、草津温泉バスターミナルから出発した。

「草軽」廃線跡の旅をすべて終え、草津温泉バスターミナルから光泉寺参道の石段を下って湯畑へ向かう筆者＝令和４年９月（武田元秀撮影）

モダンで快適な大型バスだ。乗客は、と数えてみると一一人。軽井沢まで運賃は二二四〇円。途中下車可（途中で降りてもその切符で再乗車できる）、一区間の基本運賃は一三〇円からスタートする。

経路はそのまま「草軽」の廃線跡ではない。「草軽」は草津温泉から嬬恋村をめざしていたが、こちらの路線は国道を利用してそのまま北軽井沢へと直行する。

ユニークなきっぷである。まるでノートブックのような大きさで、草津―北軽、北軽―浅間牧場、浅間牧場―峰の茶屋というふうに各区間が無線綴《と》じで分けられ、断ち切ると区間乗車券となる仕掛けだ。旅行者が途中下車して名所を楽しめるよう、工夫している。峰の茶屋など下車してもそばを食べるくらいしか寄るべきところはないが、その気遣いが嬉しい。

バスターミナルを出ると国道292号（草津道路）に入る。すぐに中央通りとの交差点となり、元草津温泉駅があった場所に立つレストランＩＴＡＬＯを左手に通り過ぎる。

草津道路を下り降りたところが大津。ここには信号があり、バスは右折して国道145号へと入った。しばしＪＲ吾妻線と並走し、羽根尾《はねお》駅前から左折して国道146号へと入った。

応桑《おおくわ》道、一〇時一三分着。といっても誰も降りず、誰も乗らないからバスは通過してゆく。応桑の名の由来は分からないが、おそらくこのあたり桑の産地だったのではないか？　明治時代、蚕はお宝で、生糸は海外輸出のトップ品目だった。政府は外貨稼ぎのため養蚕を奨励していた。

国道146号は別名「日本ロマンチック街道」という。栃木県日光市と長野県上田市を結ぶ全長三二〇キロの広域観光ルートで、ルートに沿って金精峠や丸沼、吹割滝、川原湯温泉など多くの観光名所がある。ドイツのロマンチック街道の日本版というところで、本家を見習い、日本で名付けられた。

車窓からは左手に浅間隠の連山が見えてきた。と、間もなく右手には草津白根山が堂々と現れる。乗用車とは違い、バスは座高が高く、窓が大きいので遠くの風景が広がる。ふだんクルマで走ると、周囲の樹林帯しか目に入らないが、バスの窓は視界が広く遠望が可能だ。いかにもバス旅行といった楽しい気分になってくる。

古森《ふるもり》、はんのき沢、予喜屋口《よきやぐち》、堂光原《どうこうはら》といった地区名がバス停になっている。三軒屋《さんげんや》というバス停では、街道沿いに本当に三軒の民家が並んでいた。ごくフツーの民家で、公共の施設ではない。こうしたきめ細かい停車が庶民の足なる路線バスの長所なのだろう。

このあたりは「草軽」の路線跡と並走している。

浅間山を背景に「草軽」でも名場面だったところだ。農家の畑にはトマトがなり、キャベツ畑が広がる。中学校前のバス停あたりから廃線跡は西へと逸《そ》れるが、吾妻から北軽井沢までふたたび「草軽」の路線と並走する。

御所平のバス停あたりから前方に浅間山が立ちはだかった。周囲を睥睨《へいげい》するかのような山容はまさに神の山である。今走るバス道はかつての大噴火の折〝土石なだれ〟が押し寄せたところだ。

一〇時三〇分、北軽井沢着。ここまでの所要、四〇分。「草軽」の時代は草津から嬬恋を経由して北軽井沢まで二時間を要したところだ。

はじめて降りる乗客があり、またここから乗ってくる人の姿があった。半分くらいの乗客が入れ替わった。

北軽井沢という地名は後からつけた名で、それ以前は地蔵川といった。前述したが昭和三（一九二八）年、法政大学の松室致《まつむろいたす》学長が付近の広大な土地二七三ヘクタールを取得し、法政大学村を誕生させてからその名が変わった。未開の原始の森がいきなり別荘地として新生した。「草軽」の北軽井沢駅は今も原形のまま残っている。神社様式と西洋風建築の折衷した建物は北軽井沢のシンボル的な存在だ。

軽井沢の名はついているが、本家と比べると、北軽井沢は今も寂しい。レストランやカフェ、ブランドショップなどはなく、道行く人の姿は少ない。これも前述したが、北軽井沢ふるさと館だけは訪ねてほしい。懐かしい「草軽」の資料や写真記録、「全路線図」が置いてあるからだ。

開墾地にフロンティアスピリットを見る

車窓に広がる牧場やキャベツ畑の風景は北海道のように雄大だが、そこには秘めた歴史があった。

終戦後、満州からの引き揚げ者が浅間山麓へ入植した。戦争や植民地拡大の国策に翻弄《ほんろう》された人々だった。政府はそうした人々に新しく原野の開墾を奨励した。当時の浅間山麓は広大な原始の樹林帯で、この地に鎌や犂《すき》をいれるのは容易ではなかった。が、引き揚げた人々とて居場所はなく、この原野の開墾にふたたび夢をつないだのだった。

北軽井沢、大屋原地区に住む眞下豊さんもそうした帰国した満蒙開拓団の子孫の一人だった。以前、お話を伺った時のことを思い出している。

眞下さんは昭和二八（一九五三）年生まれ。祖父の眞下学太郎さんが開拓団の団長・清水圭太郎さんとともに新しい開拓地の視察にここへ来た。その時、雄大な浅間高原の風景に感動し、この地に入植を決め仙之入に入った。敗戦直後の昭和二二年のことだった。北海道移住の話もあったようだが、祖父は浅間山の荘厳な山容を見てここに決めたという。

政府は緊急開拓事業実施要項を作り、開拓民の土地の入手に関して優遇策をとった。冬は厳寒の地である。入植者は北風をよけて、水場のある谷あいにみすぼらしい小屋を建てた。屋根は瓦などなく笹で葺《ふ》いた。一面の笹原は刈り取った後焼け畑にした。

標高が高く、寒冷の土地、しかもここは浅間山噴火のあとの火山灰地である。周囲はカラマツ林と笹原で、稲作は当初から無理だった。とりあえずジャガイモ、トウモロコシ、稗《ひえ》、粟《あわ》の雑穀を自分たちの暮らしの糧につくることからはじめた。

寒冷地の冬は長い。気候は北海道とほぼ同じで最低気温マイナス一〇℃の日が続く。大地は凍ったままで穀物類は半年しか育たない。そこで畑作から酪農へと転換した。政府の補助を受けながら、乳牛はじめ馬、豚、鶏、綿羊、ウサギなど金になる動物は何でも飼うという生活が続いた。子供は家の働き手だった。眞下さんの仕事は乳搾りだった。春にはネズミやモグラが畑を荒らし苦労した。水道はなく水は川から汲んできた。

「トウモロコシはね、粉にして、もろこしパンを作るんですよ。焼きたてはおいしかった。白米はとれなかったから、麦から小麦粉を作ってうどんを練った。毎晩いやになるくらいうどんばかり食べさせられました」と、当時の暮らしを語る。

開拓者精神は祖父から父へ、父から子へと継がれる。

眞下さんは昭和四六（一九七一）年、一七歳で単身アメリカへ渡り、二年半をアメリカの牧場で働いた。五大湖に近いミネソタ州。まさに大西部のどまんなかである。

小学校六年生の時、山梨県清里にポール・ラッシュが全寮制の清里農業学校を開校させた。ラッシュはインディアナ州出身でクリスチャン。関東大震災の時、ボランティアで東京に来て親日家となり、日本の未来のために尽くそうと決意した人だ。立教大学の教授となり、最初に日本にアメリカンフットボールを紹介したのも彼である。さらに開拓民の酪農、高原野菜栽培の普及に励み、山梨県清里に清泉寮をつくって活動拠点とした。

清里も多摩川の小河内《おごうち》ダム建設で離村した農家が開拓民として入植したところだった。ラッシュは開拓民の少年たちを酪農家で自立させようと教育を施した。

抑留されていたシベリアから帰国した父親は「これからは酪農だ」と、眞下さんを農業学校へ寄宿させた。優秀な卒業生をアメリカへ送って実地体験させる、という約束もあった。眞下さんは渡米を志し、見事試験に合格した。

「実習生という肩書でしたが、実際は住み込みの労働者でしたね。牧場主が立て替えで航空券を送ってくれました。給料は一日一〇ドル（当時は一ドルが三六〇円）。日本では日雇い労働者が日当五〇〇円だったから、すごい収入でした。半分は住み込み手当で引かれましたがね」

ミネソタの牧場は家族経営で、一〇〇頭の牛を飼っていた。家族は四人。息子は同じ年ですぐ友達になった。家族で頑張って二年間で乳牛を二〇〇頭まで増やした。

二〇歳で帰国。父親とともに働き、年々牛を増やしていった。二〇年前に「バイオトラスト（「生命を委ねる」という意味）」という酪農事業会社を起こし、平成一四（二〇〇二）年に法人化した。

現在、成牛は四〇〇頭。長野原地区で最大規模、群馬県で三番目という大きな会社に成長している。働き手は七人、長男夫婦、孫も家族経営で参加している。

「高原は涼しいので、牛たちは食欲があり年中餌を食べて健康です。だから栄養たっぷりの乳を出してくれます。浅間の牛乳はおいしいですよ」

ハイロン、大屋原と開拓地域には当初一六〇世帯が入植した。今は三〇戸ほどだが、いずれも後継者ががんばって酪農家として成功している。

白糸の滝は必見の名所

さて、草軽交通バスへ戻ろう。

北軽井沢を一〇時三四分に出ると、バスはエンジン音を高鳴らせてそのまま国道146号の坂を登った。北軽井沢小学校入口、パルコール村、白樺の丘を通過。左車窓には広大なキャベツ畑が広がり、今や収穫時を迎えている。

浅間牧場で高齢者のご夫婦が降りた。分去《わかされ》の茶屋、浅間ハイランドパークを過ぎると、いよいよ正面に浅間山が迫ってきた。このあたりが浅間山に一番近い地点だろうか？　左折すると「草軽」の国境平《こくきょうだいら》駅に出るはずだが、ここからはいささか離れている。「草軽」は浅間牧場を迂回するように走っていた。

両側から森が迫ると、峰の茶屋に着いた。

峰の茶屋は鬼押ハイウェー、日本ロマンチック街道、白糸ハイランドウェイの三差路にあり、標高一四〇四メートル、昔から旅人が一息入れる茶屋だった。ここで途中下車してそばを食べるのも一興だ。峰の茶屋は上品な落ち着いたお店で、腰のある地粉のおいしいそばが自慢である。

次なる白糸の滝では六人が降り、入れ替わりに一四人が乗ってきた。この路線では北軽井沢と並ぶ名所である。

白糸の滝は千曲川支流・湯川の源流で、軽井沢を代表する景観の一つとして知られる。落差は三メートルと高くはないが、幅が七〇メートルあり、白糸のごとく幾筋もの糸を引くように流れ落ちる水の景観は見事だ。伏流水を源流としているので枯れることなく、濁ることなく、一年を通して水量は安定している。夏の緑、秋の紅葉、冬の雪景色と周囲の樹相もよく、シーズンにはライトアップして幻想的でもある。

一〇時五〇分、白糸の滝発。

左手に渓流を見ながら、深い森のなかを走る。次なる竜返の滝では三人の若いハイキングスタイルの女性グループが降りていった。

軽井沢の観光名所、白糸の滝付近を走る草軽交通の軽井沢駅行きバス＝令和4年9月(武田元秀撮影)

長日向あたりではふたたび「草軽」路線跡と並走する。映画『山鳩』の舞台となった小瀬温泉近くのバス停は映画のまま「唐松沢」（映画では落葉松沢だが）の名を残している。

日が斜めに差すと、森が輝く。広葉樹と針葉樹の混じった混成林で陰影のある趣だ。このあたりからバスは曲がりくねった急坂を降りることとなり、運転士は慎重にハンドルを握っている。坂を下り切ると旧軽井沢で、三笠（旧三笠ホテル）。建物は現在改装中で休館となっている。旧軽井沢は旧軽井沢銀座の最寄りのバス停で、ここでほとんどの乗客が降りたが、七人また新しい乗客が乗ってきた。中部電力前、東雲《しののめ》（新渡戸通り）を通過して、軽井沢駅北口に着いたのは一一時一三分であった。所要七三分。かつて「草軽」はこの区間を三時間余かけて走っていた。

命ある限り「草軽」は走り続けた

北軽井沢ふるさと館で見つけた「草軽電鉄の風景」は、ほのぼのとする絵葉書だ。絵葉書といってもジオラマ模型を写真で撮ったもので、森の中の小さな駅舎、そこに入線している機関車デキ12形（カブトムシ）があり、駅長のひとり旅人を待っている姿もある。あるいは樹林のなかを走るカブトムシ、二人の少女と犬の見送る姿――。どれをとってもメルヘンチックだが、実はこれらは「草軽」の実際にあった風景だったのだ。

その絵葉書の作者、小林隆則さんに東京で会うことができた。

小林さんが「草軽」と出会ったのは昭和四六（一九七一）年、小学校三年の時、『鉄道ファン』誌の記事でデキ12形の写真を見たのが最初だった。

「感動しました。不思議な形をしたナローゲージの機関車で、そのまま印象は幼心に焼きつきましたよ」

すでに廃線となり、機関車は走っていない。それでも現場を見たくて一二歳のとき、父親の故郷・長野県飯山市へお盆で帰省した折、帰りに一人で軽井沢駅に途中下車した。保存されていたデキを一目見たかったのだ。

「飯山から軽井沢まで。当時信越本線ではEF62形がけん引して二時間半もかかりましたね」

当時デキ12形13号機は軽井沢駅前ではなく、中軽井沢駅近くの公園に茶色に塗られて置かれてあった。憧れだった現物にやっと出会えたのだ。

現地を歩いたのは昭和五〇（一九七五）年の夏、一七歳の高校生の時だった。

「当時は地図などありません。廃線歩きの記事などもなく、情報がないまま自分の目と勘を信じて、草に埋もれた廃線跡を辿りました」

途中、北軽井沢で一泊し、五五・五キロを踏破した。

「1980　国分寺鉄道　高原への誘い〜鉄道青年」――。写真と文章を載せたずっしりと重い記録ノートを見せてくれた。そこには青春時代の小林さんの「草軽」への熱い思いが詰まっている。ジオラマ絵葉書はこうした思い出の結晶なのだ。

小林さんは昭和三八（一九六三）年、東京青山に生まれた。高校生の時、引っ越しをして以来国分寺住まい。中央大学文学部を卒業して、デザイン事務所に就職。その後父親の経営する印鑑・印刷会社に腰を据えた。

「東日本大震災の時、四九歳でした。五〇歳を目の前にして夢を三つ実現しようと決意したんです」。そこで「草軽」を現代へとつなぐためにブログをはじめた。

『火山山麓のレモンイエロー』と題して震災の翌年、平成二四（二〇一二）年からスタートし、現在二〇〇回を数えた。平成二九年には「草軽高原を往《ゆ》く」と題して、北軽井沢駅構内で写真展を開催した。好きだった鉄道模型は「浅間模型」の名で手作り製品を一般販売に踏み切った。

「草軽」との出会いから半世紀、一番記憶に残っているのは？」と、聞いてみた。

「そうですね。かつての運転士の井上勇さんにお会いしたことでしょうか？」

小林さんは「草軽」の現役時代の話を聞くため、関係者を訪ね歩いた。そのなかで井上さんに出会った。

「当時もはや八〇歳を超えられていて、家族の方からは認知症が進行していると言われたのです。ところが記憶は正確で、質問には的確で快く答えてくれました」

しばらく文通をしていたが、娘さんから「父が亡くなりました」と突然便りがあった。その折、小林さんの撮影した写真を遺影に使ってよいか、とのこと。

問い質《ただ》してみると――。

娘さんが父上の身の回りを整理していた折に写真が出てきた。「父のこんな笑顔は今までないんです。素晴らしい写真がでてきました。小林さんの撮られた写真です」とのことだった。

井上運転士が「草軽」を語り、当時を思い出して笑った顔だ。

命ある限り、「草軽」は走り続けていたのである。


ついに運命の日がやってきた。

昭和三五（一九六〇）年四月二五日、メインルートだった新軽井沢―上州三原間のさよなら運転の日を迎え、四〇年に渡わたった「草軽」の運行が途絶えたのだ。

この日の貴重な新聞記事を見つけたので、一部抜粋してみよう。

さようなら、高原電車　別れを惜しむ客どっと
この日の電車は、廃線をおしみ、もう一度だけ乗っておこうという地元の人たち、一度は軽井沢名物の乗り心地を味わってみたいという観光客たちで、ことしになって最高の混雑ぶり。午後五時新軽井沢駅発車草津温泉行き最終電車が出ると、沿線の人びとは「走っている時は騒音になやまされた電車だが、明日からは永久にみられなくなってしまう……」と感慨ぶか

そうに去りゆく電車を見送っていた。

――信濃毎日新聞 昭和三五年四月二五日付

二年後の廃線（上州三原―草津温泉間）は昭和三七（一九六二）年だった。最終列車は一月三一日、草津温泉から出発した。あいにくの大雪となり、早朝の一番列車であったこともあって「さようなら」と書かれた布は客車に張られたものの、乗車する人は少なかった。見送る者もいない寂しい最後の旅立ちであった。

ふと思うと、「草軽」の敷設のもとは信越本線の延伸だった。そこで草津の人々は軽井沢からの誘客を見通して路線を延ばしてきたのである。一方、廃線の元は国鉄長野原線（渋川―長野原、現在のJR吾妻線）の開業であった。渋川から直接、草津温泉の入り口まで鉄道が敷かれ、以降「草軽」の客足は遠のいた。

幹線が地方鉄道を駆逐してゆく構造は昔から変わらぬようだ。今の新幹線の延伸を見れば分かるように、それまでのローカル線は第三セクターとして生き残るか、廃線となるか、のどちらしか道は残されていない。

今後各地でますます廃線は増え続けることだろう。鉄道は交通手段には違いないが、ただの乗り物ではなく文化でもあり、歴史遺産でもある。そこには人々の暮らしがあり、風土や産業の歴史があった。

文明は滅びるが、文化は滅びない――。

すでに半世紀過ぎても、「草軽」が人々の記憶の中に生き続けたのは、「草軽」が単なる交通手段ではなく、「文化」であったからに違いない。

上州三原寄りから見た草津温泉駅で出発を待つ列車。行き止まりの頭端式のホームには屋根があった（黒岩薫提供）

廃線跡の歩き方

この項の地図は、国土地理院の国土基本情報を使用して作成し、過去の地形図（5万分の1、軽井沢・昭和12年修正および草津・昭和4年要部修正）や草軽電鉄全路線図（嬬恋村商工観光課作成）、現地踏査などを参考に、草軽電気鉄道の営業当時の路線を追加しました。なお駅名、駅の位置は廃線時のものです。駅名のキロ数は起点（新軽井沢）からの距離を示します。

●写真・協力　西森聡、武田元秀　●地図作成　株式会社千秋社

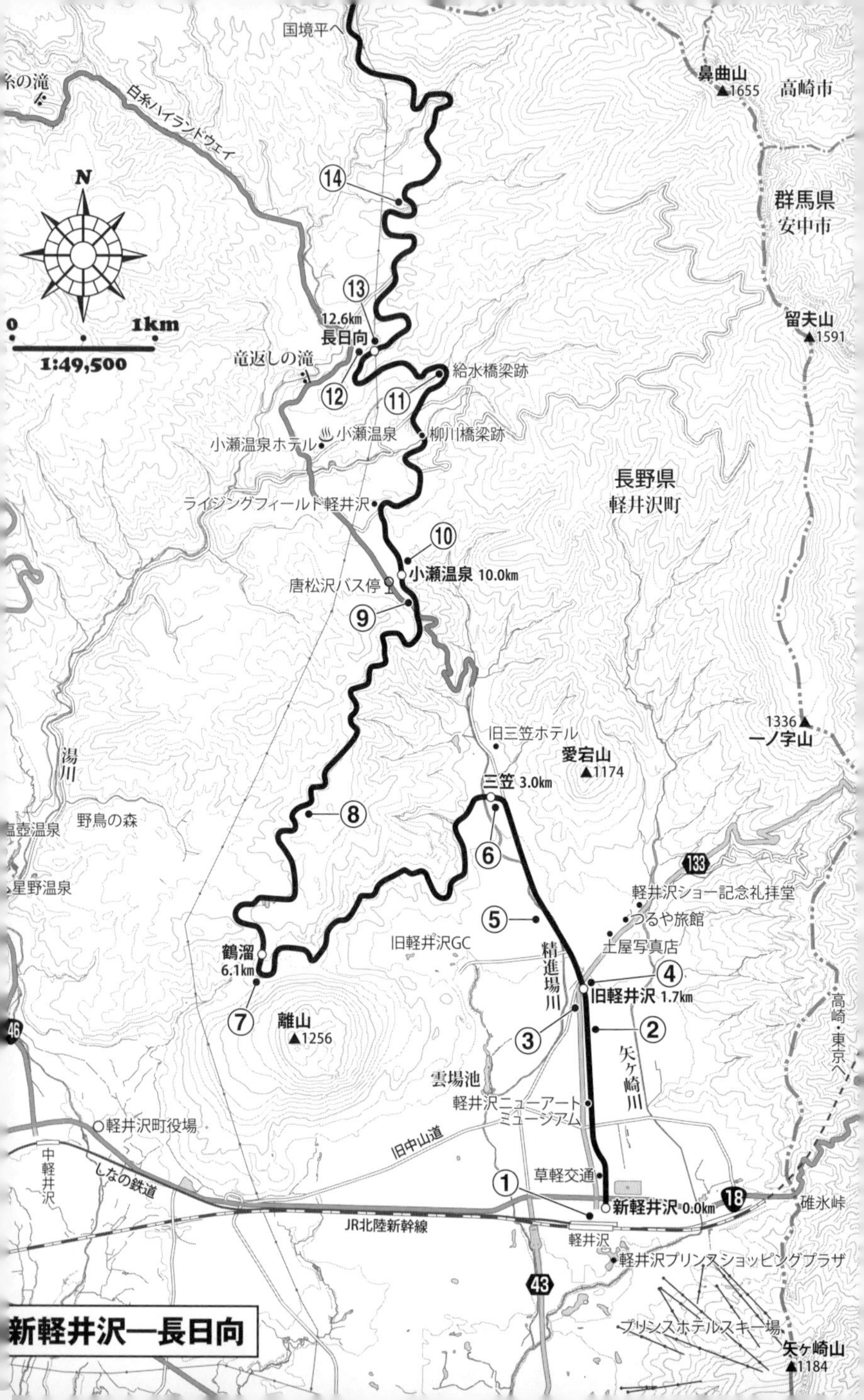
新軽井沢—長日向
国境平へ
糸の滝
白糸ハイランドウェイ
鼻曲山
▲1655
高崎市
群馬県
安中市
N
0
1km
1:49,500
⑭
⑬
12.6km
長日向
竜返しの滝
⑫
⑪
給水橋梁跡
留夫山
▲1591
小瀬温泉
小瀬温泉ホテル
柳川橋梁跡
長野県
軽井沢町
ライジングフィールド軽井沢
⑩
小瀬温泉 10.0km
唐松沢バス停
⑨
旧三笠ホテル
1336▲
一ノ字山
愛宕山
▲1174
三笠 3.0km
湯川
⑧
⑥
野鳥の森
塩壺温泉
133
軽井沢ショー記念礼拝堂
星野温泉
⑤
つるや旅館
旧軽井沢GC
精進場川
土屋写真店
鶴溜
6.1km
④
旧軽井沢 1.7km
⑦
離山
▲1256
③
②
46
矢ヶ崎川
高崎・東京へ
雲場池
軽井沢ニューアートミュージアム
軽井沢町役場
旧中山道
中軽井沢
しなの鉄道
①
草軽交通
新軽井沢 0.0km
18
碓氷峠
JR北陸新幹線
軽井沢
軽井沢プリンスショッピングプラザ
43
プリンスホテルスキー場
矢ヶ崎山
▲1184

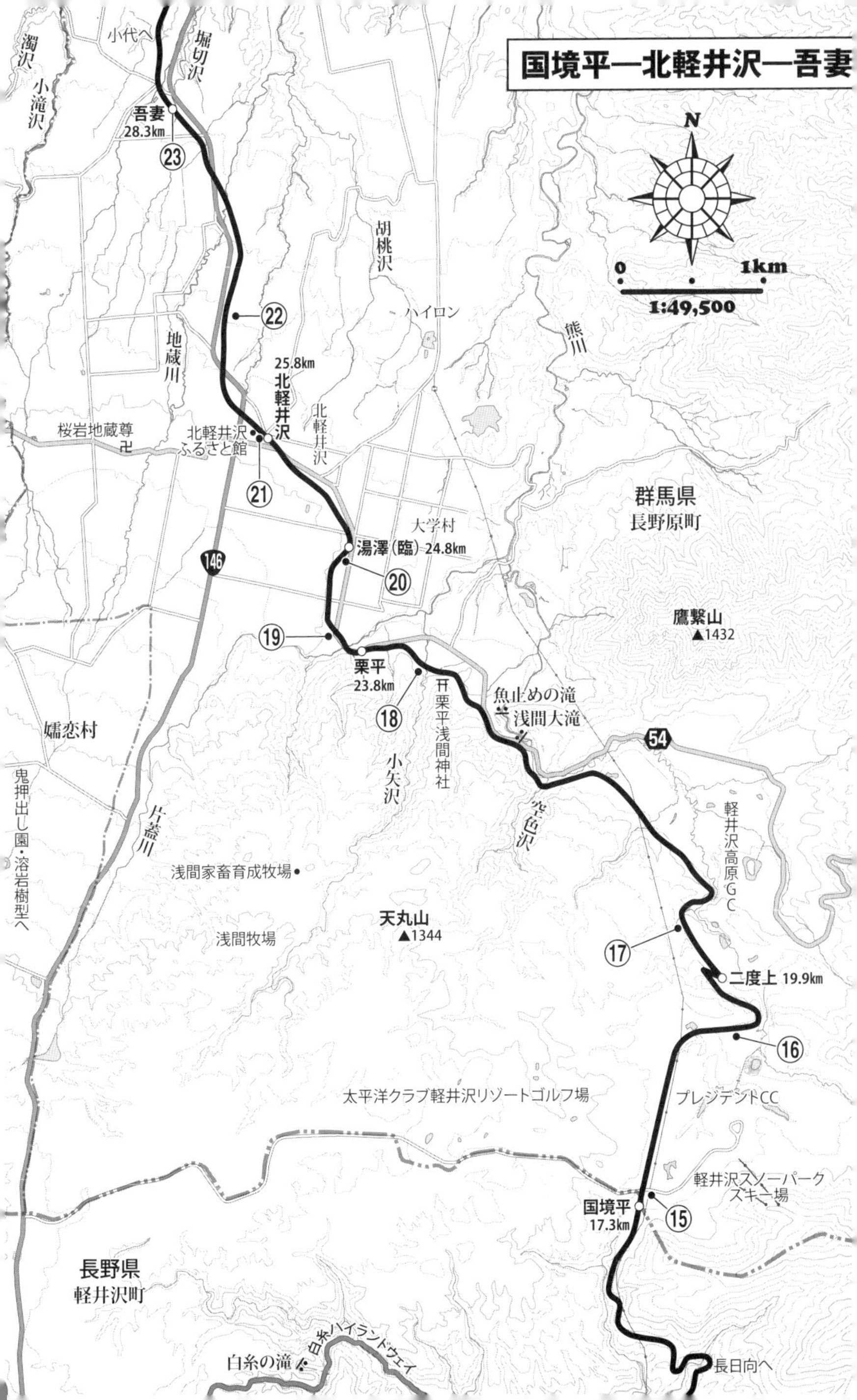
国境平—北軽井沢—吾妻
N
0
1km
1:49,500
小代へ
濁沢
小滝沢
堀切沢
吾妻
28.3km
㉓
胡桃沢
㉒
ハイロン
熊川
地蔵川
25.8km
北軽井沢
北軽井沢
桜岩地蔵尊
北軽井沢
ふるさと館
㉑
群馬県
長野原町
大学村
湯澤(臨) 24.8km
⑳
146
鷹繋山
▲1432
⑲
栗平
23.8km
⑱
栗平浅間神社
魚止めの滝
浅間大滝
54
嬬恋村
小矢沢
空色沢
軽井沢高原GC
鬼押出し園・溶岩樹型へ
片蓋川
浅間家畜育成牧場
天丸山
▲1344
浅間牧場
⑰
二度上 19.9km
⑯
太平洋クラブ軽井沢リゾートゴルフ場
プレジデントCC
軽井沢スノーパーク
スキー場
国境平
17.3km
⑮
長野県
軽井沢町
白糸ハイランドウェイ
白糸の滝
長日向へ

吾妻—上州三原—万座温泉口

万座温泉口—草津温泉

常布ノ滝
大沢川
入道沢
志賀高原・中野へ
志賀草津道路
谷沢川
55
草津温泉スキー場
292
武具脱の池
殺生河原
ベルツ通り
西の河原公園
(ベルツ,スクリバ胸像)
鏡池
富貴原ノ池
32
光泉寺
草津町役場
草津温泉
バスターミナル
草津温泉
55.5km
31
道の駅 草津運動茶屋公園
ベルツ記念館
群馬県
草津町
白根硫黄鉱山跡
石津硫黄鉱山跡
水戸沢川
前口
50.0km
谷所
30
巌洞沢橋梁跡
中之条町
48.7km
草津前口
遅沢川
29
嬬恋村
巌洞沢
292
59
仙之入
赤川
長野原町
今井川の石橋
今井川
28
万座温泉口
44.4km
湯窪へ
N
0
1km
1:49,500

1
新軽井沢駅跡付近。同駅には、草軽本社、整備工場、車庫、乗務区が併設されていた

2
廃線跡は、草軽交通のバス車庫を抜ける形で北に向かっている

3
旧軽井沢駅跡付近の三面馬頭観音像（三面馬頭観世音菩薩）。軽井沢町指定の有形文化財

4
旧軽井沢駅跡。当時の駅舎はコンクリート製で、駅の北側に旧中山道の踏切があった

5
三笠通りのカラマツ並木が始まる地点。草軽電鉄は写真左側の一方通行の道を走っていた

6
三笠パーク入り口バス停の丁字路を左折すると三笠駅跡。駅の先には精進場川橋梁があった

7
鶴溜駅跡付近。草軽電鉄は三笠駅跡からこの付近まで、現·三笠パーク別荘地を走っていた

8
鶴溜駅跡ー小瀬温泉駅跡の間にある廃線跡。秋から春にかけて木の間越しに浅間山が望める

9

小瀬温泉駅跡付近。標識の奥の草地が草軽電鉄の廃線跡で、その左方向が長日向駅方面

10

小瀬温泉駅跡から長日向方面へ約400mのところ。廃線跡は整備されておらず夏は藪漕ぎになる

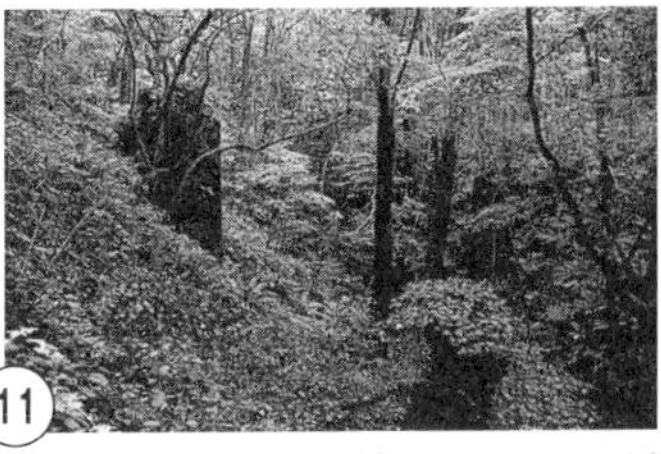

11

石組みの橋脚が残る給水橋梁跡。沢に下って近くまで行けるが、足場が悪いので注意が必要

12

長日向駅跡付近。緩やかなカーブが続く林道が廃線跡で、写真左手前の広い部分が駅の跡地

13

長日向駅跡北側付近。長日向〜国境平間の廃線跡は、現在はほぼ軽井沢林道となっている

14

廃線跡は長日向ー国境平間で湯川の支流を渡る。崖の際に草に埋もれた橋台が残っていた

15

国境平駅跡付近。このあたりが草軽全線の最高地点。ここから二度上方面へと下る

16

国境平ー二度上間。右手の山を崩した土を左の崖際に盛って路盤を造成。左の崖下は相生の滝

17 二度上駅跡から栗平方面に向かって300mほどの地点。この先で路盤の盛り土が崩落している

18 栗平浅間神社東側の小矢沢に残る石組の橋脚。二度上ー栗平間では3ヵ所の橋脚が確認できる

19 栗平駅跡北側。草軽は栗平ー湯澤間では現在の県道長野原倉渕線の50mほど西を走っていた

20 湯澤駅跡付近。大学村住民のための夏の臨時駅で、草軽では唯一1面1線の構造だった

21 国の登録有形文化財、北軽井沢駅舎。2022年冬の補修で完成時の姿が蘇った

22 満蒙開拓団関係の記念碑。廃線跡は東側(写真右手)のキャベツ畑の際をほぼ一直線に延びている

23 吾妻駅跡。道路が廃線跡で、別に西側へ木材搬出用トロッコの線路が十数kmの間設置されていた

24 小宿川の橋梁跡。対岸の橋台が2019年の台風19号でえぐられ、流れの中に立つ橋脚に見える

25 嬬恋駅跡付近からの浅間山遠景。廃線跡は左手の山塊を迂回し、軽井沢方面から下ってきていた

26 吾妻川橋梁が架かっていた付近。河床に橋脚の土台の石積みが1ヵ所、わずかに痕跡をとどめている

27 上州三原駅跡。中央の駐車場奥が吾妻川橋梁跡、右手前の建物が駅前にあった旧藤田食堂にあたる

28 万座温泉口駅跡。手前の広い場所がスイッチバックの構内、奥の県道沿いに簡易ホームがあった

29 草津前口駅跡。最寄りの集落は左手の斜面の下にあたり、急坂の「駅前通り」を住民が行き来した

30 谷所バス停。軽井沢を結ぶ西武バスと長野原草津口駅を結ぶJRバス、草津温泉巡回バスが停車する

31 草津温泉駅跡の碑。実際の駅のあった場所ではない。バスターミナルから南に約400m

32 湯畑。草津温泉駅からは中央通りの坂道を北東方向へ下って、徒歩10分ほどかかった

●撮影　①〜㉑ 西森 聡　㉒〜㉜ 武田元秀

草軽電気鉄道　関連年表

●元号	●西暦	●月日	●できごと
明治21	（1888）	9・5	横川―軽井沢間に碓氷馬車鉄道開通
		12・1	官設鉄道・上田―軽井沢間延伸開業
24	（1891）	12	**足尾鉱毒問題起こる**
26	（1893）	4・1	官設鉄道（直江津線）横川―軽井沢間アプト式で開業、上野―直江津間全通◆碓氷馬車鉄道廃止
27	（1894〜95）		**日清戦争**
33	（1900）		**北清事変（義和団事件）**
36	（1904〜05）		**日露戦争**
42	（1909）	2・23	草津興業株式会社発起人・長森藤吉ら、軽便軌条敷設特許を申請▼明43・4・30許可
43	（1910）	4・21	**軽便鉄道法公布**（後藤新平鉄道院総裁）
		*	**韓国併合◆大逆事件**
44	（1911）	3・27	**軽便鉄道補助法公布**（政府が軽便鉄道事業の促進を図る）
45	（1912）	5・11	信越本線・横川―軽井沢間直流600V電化（第3軌条方式）
	（1912）	*	**明治天皇逝去◆乃木希典殉死**
大正元	（1912）	9・17	草津軽便鉄道株式会社に社名変更
		9・28	会社創立総会（東京・帝国鉄道協会）。初代社長・吉岡哲太郎ら選任。資本金70万円▼10・6東京・芝に本店開設
2	（1913）	11・25	軽井沢駅前の起点・新軽井沢で起工式
3	（1914）	8・23	**ドイツに対し宣戦（第1次世界大戦）**
4	（1915）	7・22	新軽井沢―小瀬［→小瀬温泉］間10km開業（蒸気運転、軌間762ミリ）。開業駅＝旧軽井沢、精進場川［→三笠］、鶴溜
6	（1917）	7・19	小瀬―吾妻間18・3km延伸開業。開業駅＝二度上、栗平
7	（1918）	6・15	地蔵川駅開業（栗平―吾妻間）
	（1918）	8・12	**シベリア出兵**
8	（1919）	4・10	**地方鉄道法公布、軽便鉄道法廃止**
		11・7	吾妻―嬬恋間8・5km延伸開業。開業駅＝小代
9	（1920）	8・11	国境平駅開業（小瀬―二度上間）
10	（1921）	11・4	**原敬首相、東京駅で暗殺される**
11	（1922）	2・21	定時株主総会で電化を決議
		7・27	本社を軽井沢町に移転
		9・13	電気事業経営を申請▼大14・10・16認可

12（1923）9・1 **関東大震災起こる**

＊ 吾妻川電力株式会社の傘下入り

13（1924）11・9 長日向駅開業（小瀬―国境平間）

2・15 定時株主総会。電気鉄道併用と資本金増額を決議（▼8・20増資200万円に）。「草津電気鉄道株式会社」に商号変更

11・1 新軽井沢―嬬恋間36・8kmが直流600V電化

15（1926）7・1 電気供給事業を開始（草津水力電気株式会社の事業譲受）

8・15 嬬恋―草津前口間11・9km延伸開業。開業駅＝新嬬恋［→新鹿沢温泉口→上州三原］、東三原、石津平［→万座温泉口］

9・19 草津前口―草津温泉間6・8km延伸開業、新軽井沢から55・5kmが全通。キャッチフレーズ「4千万尺高原の遊覧電車」。開業駅＝谷所、鳥の窪［→廃止］

昭和2（1927）＊ 地蔵川駅を「北軽井沢」に改称

3（1928）3・11 自動車業兼営認可を申請▼4・12認可

5・9 北軽井沢―鬼押出し間、地蔵川温泉間の乗合自動車（バス）営業開始

4～5 北軽井沢大学村、北軽井沢新駅舎を新築し草津電気鉄道に寄付

5（1930）＊ **全国的な農業恐慌（農村危機）**

6（1931）9・18 **満州事変起こる**

7（1932）6・3 旧道駅開業（新軽井沢―旧軽井沢間→のちに廃止）

11・7 草津町に乗用自動車（タクシー・ハイヤー）営業所開設▼昭8・5・18営業開始

8（1933）6・1 東信電気株式会社の傘下入り

9（1934）3・30 草津町内の乗合バス営業開始

10（1935）12 渋川―草津温泉間に省営バスが開業

11（1936）2・26 **二・二六事件起こる**

6・16 電気供給事業を拡充（川原湯電気などの水利権、営業権を買収）

6・26 峰の茶屋―長野原間の乗合バス営業開始

7・10 湯沢駅開業（栗平―北軽井沢間、夏季のみの臨時駅）

9・1 電気供給事業を東信電気に譲渡

9・14 軽井沢町でタクシー事業開始

12（1937）3・10 上州三原駅―新鹿沢温泉間と上州三原での乗合バス営業開始（吾妻自動車より譲受）

13（1938） 7・7 **日中戦争起こる**

4・1 **国家総動員法公布**

14（1939） 4・28 日本窒素硫黄株式会社の傘下入り◆商号を「草軽電気鉄道株式会社」に変更、本店を東京・内幸町に移転

6・17 軽井沢町のタクシー事業、個人より譲受

10・6 軽井沢駅前—ゴルフ場—南原間の循環バス営業を開始（軽井沢ゴルフ倶楽部から譲受）

15（1940） 9・27 **日独伊三国同盟調印**

11・5 戦時統制により軽井沢町のタクシー事業を集約

12・20 本店を東京・丸ノ内に移転

16（1941） 4・16 戦時統制により軽井沢町のバス事業を集約◆草津町、上州三原のタクシー事業廃止

8・9 本店を東京・銀座に移転

12・8 **日本軍、真珠湾を攻撃（太平洋戦争の勃発）**

20（1945） 1・2 省線長野原線・渋川—長野原［現・長野原草津口］間が貨物路線として開業

4・1 東京急行電鉄株式会社（東急）の傘下入り

8・15 **終戦の玉音放送**

21（1946） 3・11 本店を東京・渋谷に移転

4・20 長野原線・渋川—長野原間の全線で旅客営業開始

22（1947） 4・15 本店を軽井沢町に移転

24（1949） 9・1 キティ台風で橋梁、路盤などに甚大被害

10・7 臨時株主総会で、営業不振により新軽井沢—上州三原間37・9㎞廃止を決議▼10・26廃止を申請

25（1950） 8・4 ヘリン台風で吾妻川氾濫し橋梁流失。会社創立以来の被害

26（1951） 3・21 戦後日本初のカラー映画『カルメン故郷に帰る』公開。高峰秀子主演、車内や駅、沿線でロケ撮影

9・8 **サンフランシスコ講和会議、日米安全保障条約締結**

28（1953） 2・1 **NHK、テレビ放送開始**

6・19 長野原—花敷温泉間の乗合バス営業開始

29（1954） 3・17 長野原営業所を開設

7・5 地方鉄道軌道整備法に基づく補助金受給

10・10 鬼押出し—浅間牧場間の乗合バス

営業開始

10・21 北佐久郡一円のタクシー営業開始

12・30 草津町―役場天狗山間の乗合バス営業開始

30（1955）11・30 軽井沢―北軽井沢間の乗合バス運行へ、小瀬林道の使用許可される

31（1956）2・28 羽根尾―上州三原間の乗合バス営業開始

32（1957）3・15 800万円に増資

6・15 軽井沢、長野原、草津、嬬恋各町村で貸切バス営業開始

8・3 軽井沢―北軽井沢間の乗合バス営業開始

9・1 草津町―栗生楽生園間の乗合バス営業開始

33（1958）11・1 **東海道本線、新特急「こだま」運転開始（のちに時速110km）**

12・1 **1万円札発行**

12・23 **東京タワー完成**

＊ **岩戸景気**

34（1959）8・14 台風で再び吾妻川橋梁流失など被害。嬬恋―上州三原間不通（バス代行）

9・ **伊勢湾台風（死者・不明者5000人を超える）**

11・13 新軽井沢―上州三原間の鉄道営業廃止が許可

35（1960）＊ **消費・レジャーブーム起こる**

4・7 三原自動車営業所を開設

4・22 鉄道の代行として北軽井沢―草津間、北軽井沢―栗平間の乗合バス輸送と硫黄の特定貨物輸送を開始

4・25 新軽井沢―上州三原間37・9kmの鉄道営業廃止

5・5 吾妻―小宿地籍間の鉄道敷の専用道路化着工▼8・5完成▼昭36・12・19使用開始

6・15 **全学連のデモ、国会乱入。東大生樺美智子圧死**

6・23 **日米新安保条約発効**

12・24 吾妻―上州三原間の乗合バス営業開始

36（1961）3・24 上州三原―草津温泉間17・6kmの鉄道営業廃止許可を申請▼12・22廃止許可

5・4 浅間山麓の長野原町有地開発契約を締結（町、草軽、東急電鉄、東急観光の4者）

37（1962）2・1 上州三原―草津温泉間の鉄道営業廃止、全線の廃止となり、半世紀

足らずの幕を閉じる

38（1963）11・22 **米大統領、ケネディ暗殺さる**

39（1964）9・17 **浜松町—羽田間モノレール開通**

10・1 **東海道新幹線開業（東京〜新大阪）**

ひかり号は最高時速210km

10・10 **東京オリンピック開催**

40（1965）2・7 **米軍のベトナム北爆開始**

41（1966）＊ 草軽交通株式会社に社名変更（バス運輸など）

45（1970）3〜9 **大阪万国博覧会**

6・23 **日米安全保障条約が自動延長**

11・25 **三島由紀夫割腹自殺事件**

62（1987）4・ 貸切バス専業の草軽観光バス株式会社を設立

平成18（2006）11・29 北軽井沢駅舎が国の登録有形文化財に登録

21（2009）10・1 草軽交通、東急グループから離脱

▼草軽観光バスに全バス事業を統合・承継し、草軽交通に商号変更

※年表作成にあたっては、草軽交通株式会社ホームページ「草軽電鉄Ｗｅｂ博物館」、写真集『草軽電鉄の詩』（郷土出版社・1995年）、『日本鉄道旅行地図帳　6号北信越』（新潮社・2008年）などを参考にしました。

上州三原—草津温泉間の営業最終日を迎え、谷所—草津前口間を行く最終列車＝昭和37年（草軽交通提供）

日本という国にあった小さな地方鉄道の誕生から廃止にいたるまで、その〃生涯〃というべきものを土地の風土と歴史の流れに沿って書いてみたい、というのが本書の試みであった。

草軽鉄道の誕生（開業）は大正四（一九一五）年、廃止は昭和三七（一九六二）年。人に例えれば四七歳の短い生涯だった。その短い生涯の大半が戦争の時代だったことを思うと愕然《がくぜん》としないではいられない。

歴史を振り返れば、大正三（一九一四）年は第一次世界大戦が勃発《ぼっぱつ》した年である。日本は連合軍側の一員としてドイツに宣戦布告。南洋群島、膠州《こうしゅう》湾の青島《チンタオ》に進出した。ヨーロッパが主戦場だったため、極東、東アジアはおまけみたいなもので、この戦勝を契機に中国進出を企てた日本は〃火事場泥棒〃などと非難もされた。

大正七（一九一八）年にはシベリアへ出兵した。シベリアに残留したチェコ軍の救出が目的だったが、実際はロシア革命に対する干渉戦争だった。日本政府はこれを機にシベリア、北満洲を支配下に収めようと兵士を送った。連合軍はその後引き揚げたが、日本軍だけは居残り続けた。大正九（一九二〇）年には沿海州、尼港（ニコラエフスク）で事件が起こった。赤軍パルチザンが尼港を攻め、多くの市民を虐殺したのだ。日本軍は撤退したが、この無益なシベリア出兵が終わったのは大正一四（一九二五）年、戦禍は八年も続いた。

昭和に入ると、中国における排日運動が激化し、昭和二年、日本軍は山東半島に出兵、翌年には張作霖《ちょうさくりん》爆殺事件が起きた。昭和六（一九三一）年に満州事変が起こり、日本軍の進出を機にして日中戦争が始まり、第二次世界大戦へと至る一五年戦争へと続くのである。

思えば、草軽鉄道は〝戦争を走った鉄道〟でもあったのだ。

そういう意味では不運な鉄道といえるかもしれない。廃止となった昭和三七年は焼け跡から戦後日本が再出発し、高度成長へと向かうさなか、これからレジャーブームが到来するという時だった。連合国軍総司令部（GHQ）の撤退が昭和二七（一九五二）年のことだから、「草軽」が平和な時代を走ったのは、わずか一〇年間にすぎない。


軽井沢という日本でも特殊な避暑地が「草軽」を支えたのかもしれない。第二次世界大戦が始まると、別荘の多くを占めていた英米人は立ち去るが、代わりに同盟国だったドイツ人や中立国のスイス人などが入れ替わった。中立国の外国大使館、公使館が東京から移転し、特にスイス大使は軽井沢を非爆撃地域に指定するよう米軍に依頼し、その要求が受け入れられた。戦禍を免れた軽井沢は多くの日本人の疎開地ともなったのだ。戦争による影響は食料、燃料不足などはあったが空襲、爆撃などはなかったようだ。別荘族は戦火の合間に初夏のツツジの花見、夏のハイキング、秋の紅葉刈りに浅間の絶景鉄道「草軽」を楽しんだ。

「草軽」は戦時輸送でも活躍した。都市生活者のための農産物や薪炭、軍需のための鉱物の輸送が必要とされた。本文で触れたように満蒙開拓団として大陸へ向かう人々、北方の大陸や南方の島々へ向かう出兵の若者たちを乗せて、信越本線の拠点、軽井沢へ村人たちを運んだのである。

ギー、コーと揺れ動きレールを響かせて走る機関車、ガタピシと軋《きし》む客車、自転車と変わらぬようなスピード……それが電化以来四〇年近く変わらなかったというのも「草軽」の〝伝説〟だろう。

国鉄では動力は蒸気機関車、気動車、電車と進化を遂げ、昭和三三年には東京―大阪を六時間五〇分で結ぶ東海道の電車特急「こだま」が登場している。そうした時流には一切かまけず業態は昔のままだった。それが「時勢に適せざる鉄道――の一言につきる」という経営者側の廃線理由となってしまった。

興味深い新聞記事を見つけた。

乗客は一日たった千人　古くてのろい電車が走る
二十四年（昭和）、同社（草軽電鉄）が廃線を公表すると、地元民から強い反対の声が起き、国会の問題にもなった。そして二十八年地方鉄道軌道整備法が制定され国庫補助金をもらうようになった。しかし、補助金は年額百五十万円ていど。この十倍もらわなくては赤字経営を克服できないという。しかし、地元民の反対が強いこと、公共事業であること、従業員二百人が失業することなどの理由から、歯をくいしばってやっているのが精いっぱいなのだ。したがって、何億円もかけて線路を整備、スピードアップしたり、新しい車両を入れたりすることはとてもできない相談だ。スピードも現在ていどなら、たとえ、線路が悪くても心配ないから、現状でがまんしてもらいたいと会社ではいっている。このような状況であり、いつになったら、博物館行き?の電車がなくなり、スマートな、そしてガッチリした車両が入るのか――将来にたいして明るい見とおしはぜんぜん持てないのである。

――信濃毎日新聞　昭和三二（一九五七）年一〇月四日付

廃止論に対して地元の反対が多い、ということがなんだか嬉しい。「草軽」はたとえ遅くとも、オンボロ客車でも、地元の人々に愛されており、働く人々の足だったのだ。そこには線路とともに喜怒哀楽があり、出会いと別れがあった。

戦争の中を走り、半世紀変わらぬ車体を震わせ、「草軽」は走り続けた。人びとの記憶の中に「草軽」は今も走っている。

廃線跡はその「草軽」の夢と現実の苦悩を物語るようである。

地球温暖化の危機、ＳＤＧｓが叫ばれる今日、ヨーロッパではＩＴ（インターシティ）やトラムなど鉄道が見直されている。CO^2排気量が他の航空機や自動車に比べて少なく、環境に優しいからである。世界各国で鉄道は復活の兆しを見せている。「草軽」が今も走っていたなら、稀有《けう》な高原鉄道として、また理想の乗り物として世界から注目を浴びたに違いない。

本書は雑誌『旅と鉄道』（天夢人《てむじん》発行）で、二〇二一年三月号からおよそ二年間にわたって連載した「草軽電鉄物語」に新たに取材、加筆、改稿を行い、まとめたものである。連載中お世話になった『旅と鉄道』編集長の真柄智充さん、担当編集者の近江秀佳さんに感謝を述べたい。

さらに、お一人ずつ名前は挙げられないが、取材に関して貴重な時間をいただいた沿線各町村の皆さま方にも厚い御礼を申し述べたい。案内のために随所同行していただいた嬬恋村の宮崎光男さん（浅間山北麓ジオパーク運営委員長）、佐藤幸光さん（未来創造課課長＝当時）に厚く感謝を申し上げたい。

最後に雑誌連載を素晴らしい単行本にしていただいた信濃毎日新聞社メディア局出版部の山崎紀子さん、上京、現場取材、写真手配など実際の編集を担当していただいた同局専門委員の内山郁夫さんにとりわけ御礼を申し述べたい。

二〇二三年、薫風の五月、浅間高原にて　　芦原　伸

芦原　伸（あしはら・しん）
1946（昭和21）年生まれ。名古屋市育ち。北海道大学文学部卒。紀行作家、ノンフィクション作家。週刊誌、月刊誌の編集記者を経て独立。1979（昭和54）年、企画創作集団「グループ・ルパン」を創設、2007年（平成19）年、出版社「天夢人Temjin」を設立。『旅と鉄道』『SINRA』の編集長を歴任する。2019（平成31）年退職、以後専業作家となる。現場主義（フィールドワーク）を貫き、各地の取材、執筆活動に取り組み、国内はもとより、海外取材は70ヵ国を超える。日本旅行作家協会、日本ペンクラブ、日本文藝家協会会員。
主な著作に『被災鉄道』（講談社、第40回交通図書賞受賞）『へるん先生の汽車旅行』（集英社、第10回開高健ノンフィクション賞最終候補作品）『シルクロード鉄道見聞録』（講談社）『森の教え、海の教え』（天夢人）『ラストカムイ』（白水社）『北海道廃線紀行』（筑摩選書）『旅は終わらない』（毎日新聞出版）など。

ブックデザイン　酒井隆志
取材・編集協力　佐藤幸光 武田元秀
宮﨑光男 宮﨑信雄

草軽電鉄物語 高原の記憶から

2023年7月22日　初版発行

著　者　芦原　伸
発行所　信濃毎日新聞社
〒380-8546 長野市南県町657
電話 026-236-3377　ファクス 026-236-3096
https://shinmai-books.com/
印刷所　大日本法令印刷株式会社

ISBN978-4-7840-7421-1 C0026